一生を賭ける仕事の見つけ方

SAITO YUMA
斎藤祐馬

ダイヤモンド社

はじめに

理想と現実の狭間でもがいた日々。その先で見つけたもの

こんなはずじゃ、なかった……。

20代半ば、僕は大学の同級生たちより少し遅れて社会人になった。今思い出しても辛くなる苦労の末、高校生のころから目指していた念願の仕事に就いた。

これで、周りからの遅れを取り戻すことができる。

やっと、自分のやりたかった仕事ができるようになる。

そう勢い勇んで働きはじめたというのに、僕が思い描いていた理想と現実の間には、大きな隔たりがあった。苦労に苦労を重ねて念願の仕事に就くことができたと思っていたら、多くの新社会人が経験するように、そこには思いもしなかった現実が待っていた。

結局、自分のやりたいことを「仕事」にするなんて、青臭い理想論でしかないのだろうか……。

中途半端な思いなら、そこで気持ちを切り替えることもできたのかもしれない。組織か

ら与えられた仕事をバリバリこなし、スキルを磨いてキャリアを高めていく。同級生の仕事ぶりを見れば、むしろそれが「普通」の姿だった。

でも僕にとって、そんな「キャリア志向」の仕事人生は、決して魅力のあるものには見えなかった。

どうすれば、自分のやりたいことを仕事にできるのだろうか……。

仕事の厳しさを知ったそのときから、そのことばかりを考えるようになった。

とはいえ、今の仕事に就くまでの苦労を思えば、まったく違う仕事に目を向ける気にもなれなかった。今の仕事を土台にして、どうすれば自分の理想の仕事に近づいていくことができるのか——。その道を模索するようになった。


働きはじめて10年近くが経った今、僕の仕事は、高校生のころに思い描いていたものとようやく重なるようになってきた。

今なら僕は自信を持って言える。「やりたいこと、自分が大切にしていることを仕事にして生きている」と。

幸いなことに、その仕事は多くの人の共感を得ることもできた。

大きな組織のなかで仲間もなく徒手空拳で始めたことが、組織の新規事業として活動できるようになった。事業もチームも年々成長し、今では100人を超すメンバーを束ねる現場責任者の立場にある。顧客の層も広がりを見せ、メディアから取材を受ける機会も、僕だけでなく僕のチームメンバーも含めて増えている。

自分が本当にやりたいこと、自分にとって大切なことから生まれる仕事を、僕は「ミッション」と呼んでいる。人生のミッションが見つかると、その仕事は、稼ぎを得るための「ライスワーク」ではなく、**一生を賭ける「ライフワーク」**になる。

自分の人生のミッションを仕事にして生きる日々は、忙しさや苦労のなかにも、何にも代えがたい充足感がある。他ならぬ自分だけの人生を歩んでいる、という確たる実感がある。

もちろん、それが独りよがりの思いであれば、仕事としては成立しない。日々の仕事を続けていくためには、それ相応の実りが得られなければ強い思いもいつかは枯れ果ててしまう。

自分の思いを仕事に変え、人生のミッションに一生取り組みつづけていくには、欠かせない2つのポイントがある。1つは、自分の思いを社会の課題とつなげて考えること、もう1つは、ビジネスの基本を学ぶことだ。それができれば、自分のミッションを生きながら、仲間や応援団を増やし、自分の思いを、1つ、また1つと形にしていくことができる。

この本では、**自分のやりたいこと、自分にとって大切なミッションを、ビジネスに育てていく技術やノウハウ、心構え**を提供したい。僕自身が、自分のミッション実現のために社内で新規事業を立ち上げた経験と、日頃仕事で接するベンチャー企業の経営者たちの実体験にもとづいた、血の通った方法論だ。

さらには、**自分のミッションをどう見つけるか**にも踏み込んでいきたい。

僕は幸いなことに、高校生のころに自分のミッションを見つけることができた。けれど、同級生や同僚、後輩、学生たちを見ていると、自分のやりたいことを見つけられずにもがいている人も多い。そういう人たちのために、自分のミッションを見つける方法も開発してきた。

やりたいことが見つからず悶々とした日々を送っている人や、やりたいことと現実の仕事との狭間で苦しんでいる人が、これからの人生を切り拓く手掛かりになれば、これほど嬉しいことはない。

その前に、僕が今どういう仕事をしていて、なぜこの本を書こうと思ったか、簡単に紹介しておきたい。

２００６年11月、僕は大学卒業後２年間の浪人生活を経て、高校生のころから目指していた公認会計士の試験に、4度目の挑戦でようやく合格することができた。しかも、めでたく第一志望の「監査法人トーマツ」（現・有限責任監査法人トーマツ、以下トーマツ）への就職が決まった。

トーマツは、監査やコンサルティング、ファイナンシャルアドバイザリー、リスクマネジメント、税務などのビジネスプロフェッショナル業務を世界150超の国・地域で展開するデロイトネットワークの、日本におけるグループ法人の1つだ。2016年3月末時点で3200人を超える公認会計士が所属する、日本で最大級の会計事務所の1つである。トーマツに勤める人たちは、社会的な意義のある自らの仕事に誇りを持ち、みなイキイキと働いている。

しかし、そんななか僕だけはこの念願だったはずの会社で、夢と現実のギャップに大きく苦しむことになる。

なぜなら、僕にはどうしても譲れないあるミッションがあり、そのミッションのために公認会計士を目指すと決めた「**原体験**」があったからだ。

僕が中学生のころ、父が会社を辞めた。独立し、新たに立ち上げた事業を軌道に乗せようと苦労する父の姿が、今も脳裏に焼きついている。父のような起業家を、支援する人がいればいいのに。そう何度思ったことか。

経営者の、「参謀」になりたい――。

いつしか、それが僕の目指す姿となっていた。まだ粗いものの、この「原体験」が僕のミッションの原型となっている（もちろん当時はここまで明確に理解していなかったが）。

以来、公認会計士になって、苦しむ経営者の、特にスタートアップの時期にある経営者の手助けをしたいと思うようになった。その思いがあったからこそ、3度の失敗にもめげずに公認会計士の試験を突破することができた。そして、「ベンチャー企業に強い」との定評があるトーマツを目指し、入社したのだった。

だが、僕が自分で希望して得たトーマツでの仕事は、僕の「原体験」とはズレがあった。トーマツのような大手監査法人の顧客になるベンチャーは、事業を大きく成長させ、株式上場を成し遂げた（あるいは上場を間近に控えた）企業が主となっている。僕が思い描いていた「創業間もない苦しむ経営者を助ける」という会計士像とは少なからずギャップがあった。

ただ、社会的意義の大きさややりがいのある仕事であることを考えると、僕が夢を諦めていたとしても、誰からも批判を受けることはなかったはずだ。

それでも僕は諦めなかった。

夢を夢で終わらせず、いつか仕事として取り組むことができるように、土日や平日夜に時間を見つけ、自分にできることを1つずつ実行していった。結果がすぐに出たわけではないし、本業以外のことを手掛けていた僕に、組織内で逆風が吹いたこともあった。それでも諦めなかったのは、自分のミッションを生き抜く覚悟でやりつづけてきたから、ただそれだけのことだったのかもしれない。

僕の今の仕事は、ベンチャー企業の経営全般を支援することにある。デロイトトーマツグループ内の「トーマツベンチャーサポート株式会社」（略称TVS）で、今では100人を超すメンバーが活動している。チームのメンバーたちと一緒に、ベンチャーと大企業の間を取り持ち、大企業の新規事業創出を促したり、地方で活躍するベンチャーを増やすために、政府や自治体ともさまざまなプロジェクトを展開したりもしている。

理想と現実のギャップに苦しんでいた僕が、10年近い時間をかけて、いや、高校生のころから数えれば15年以上の時間をかけて、そのころから思い描いていた理想の仕事に携わっている。

僕は今、たしかに自分のミッションを生きている実感がある。

「キャリア志向」から「ミッション志向」へ——。

それが、この本で伝えたいメッセージのいちばんの核心部分だ。

ミッション志向とキャリア志向のちがい

ミッション志向	キャリア志向
・自分のやりたいことを仕事にする働き方	・スキルやキャリアを高める働き方
・理解されない苦しさはあれども、「自分にしかできない仕事」をする	・誰かが定めた基準による相対的な評価のもとで働く
・ビジョンがあり、一生を賭ける覚悟がある	・スキルやキャリアを活かせる仕事を常に探す必要がある
・ライフワーク	・ライスワーク

世の中には、スキルやキャリアを高める方法が溢れている。公認会計士のような専門職になればなるほど、その傾向は強いと言えるのかもしれない。

だが、スキルやキャリアばかりを追い求める仕事は、他の「誰か」や「何か」によって代替される可能性が常に潜んでいる。自分よりスキルの高い人はもとより、近年はＡＩ（人工知能）やロボットの技術革新も著しい。

その点、**ミッションを歩む人生は、他の誰にも何にも代替されることはない**。自分にしか成し得ないことであり、自分だけの道だ。

自分のミッションを歩む人生には、苦しみも伴う。それを乗り越えていくには、相応の覚悟も必要だ。だが、自分のやりたいことが形になっていくのを見るのは、何にも代えがたい喜びがある。

僕は大きな組織のなかで、数々の苦労を乗り越えて、自分のミッションを新規事業として始めるに至った。だから、この本で紹介する技術やノウハウは、大企業に就職したものの、もやもやした日々を送っている人に、間違いなく参考になるはずだ。

加えて、僕は仕事でベンチャー企業の経営者たちと日常的に交流している。自分のミッションを生きる彼ら彼女らを見ていると、組織の外で会社を立ち上げるか、組織のなかで新規事業を始めるかは1つの選択でしかないと実感する。その人自身の特性や実現したい事業の性質によって適否が変わることはあるにせよ、自分のミッションをビジネスに育てていくうえで重要なことは、ほとんどが共通しているからだ。だからこの本は、独立して起業を目指す人にとっても役立つところが多いだろう。

この本が、自分の人生を賭けるべきミッションを見つけ、ミッションをライフワークとして取り組むための武器になることを願っている。

一生を賭ける仕事の見つけ方　目次

第0章　ミッションは、歩んできた人生のなかにある

第1章 ミッションを定める
――自分が「登るべき山」を見つける

第2章 マインドを磨く
——自分の人生を本気で生きる「覚悟」を決める

第3章 ビジネスモデルをつくる
——ミッションを事業に変えて「未来のニーズ」を証明する

第4章 ネットワークをつくる

——「ストーリー」をひたすら語りつづけて人を巻き込む

第5章 チームをつくる

――ミッション志向の仲間を集めて加速度的に成長する

第0章

ミッションは、歩んできた人生のなかにある

「いったい何に自分の人生を賭ければいいのか」

自分のミッションを歩むためにいちばん大切なこと——。

それは、当たり前ではあるけれど、自分のミッションを明確に持っておくことだ。

だが、これがなかなか難しい。

僕は幸いにして、中学生の時点で自分のミッションの原型を見つけることができた。公認会計士になって、ベンチャー企業の経営者を支援する「参謀」のような存在になりたい。今思えばずいぶんおぼろげなところもあったにせよ、そういう目標を自分で見つけることができた。

ところが、10年近く社会人を続けてきた僕自身の実感では、自分のミッションを明確に持っている人のほうが圧倒的に少ない。大学の同級生や、会計士の同期や後輩、学生インターン、あるいは、採用面接や依頼を受けた講演会場で出会う人たちに話を聞いてみると、多くの人がこう漏らす。

自分の人生を賭けるべきものを見つけられずに悩んでいる、と。

ミッションのタネは、人生の〈山〉か〈谷〉かのどちらかにあることが多い。

人生で最高に幸せだったと思える時間をもう一度味わいたいという強い思いは、その後の人生を駆け抜けていく大きな原動力になるし、人生でどん底の苦しみを味わった人は、その辛い思いを二度と体験したくないと思うはずだ。もしくは、そういう辛い思いを、他の人が体験しなくて済むようにしたいと思う人もいるだろう。

このように、人生において〈山〉や〈谷〉を味わった経験を、僕は「原体験」と名づけている。

「原体験」は、自分が何を大切にするか、という価値観の形成に大きく関わっている。**自分のミッションを見つける第一歩は、自分の「原体験」を自覚することにある。**

僕にとっての「原体験」がどうミッションにつながったのか、この第0章では僕が自ら歩んできた道を語ってみたい。

僕の人生をも左右した、父の独立・起業

僕にとっての「原体験」は、辛く苦しい〈谷〉の時間を長く歩んできたことにある。

最初の〈谷〉の兆しは、僕が中学2年のときに突然訪れた。旅行会社に勤めていた父が会社を辞め、自分で小さな旅行代理店を立ち上げたのがきっかけだ。

それ以来、斎藤家の空気はガラリと変わった。

教育熱心な父親で、それまでは優しく丁寧に勉強を教えてくれていたのに、自分で事業を始めて心の余裕を失ったのか、父との勉強の時間はめっきり少なくなった。また、父は温厚な人だと思っていたけれど、ちょっとしたことで感情が高ぶるようになった。両親と姉と弟と、5人で囲む一家団欒《だんらん》の食卓からも、和やかな雰囲気は影を潜め、緊迫感が漂うようになった。それは、子ども心に父の仕事がうまくいってはいないのだと想像できるほど、十分すぎる変化だった。

姉や僕の心配をさらに高じさせる出来事も起きた。古風な父親で、母がパートに出ることを頑として許すことはなかったのに、父が独立してしばらくすると、母が新聞配達と新

聞の集金のパートを始めたのだ。家族の誰かが何をするにも、両親がお金のことをいちいち気にするようになり、家計の苦しさが痛いほど身に沁みた。

中学生の僕が考えたのは、きわめてシンプルなことだった。いい高校に入って、いい大学に行き、いい会社に就職する。そうすれば、こんな苦労とはおさらばできる。自分に子どもができたときも、子どもに辛い思いをさせなくて済む。そのために、県下一の公立進学校への入学を目指し、家計が苦しいのを承知で進学塾へ通わせてもらった。父も学歴に強いこだわりがあったようで、自分よりいい大学に入ってくれるならと、無理をしてお金の工面をしてくれた。

それからというもの、中学校生活後半の多くの時間を、僕は受験勉強に捧げた。その甲斐あって、学校や塾での成績は目に見えてよくなって、自信を持って受験に臨んだ。

しかし結果は不合格――。僕の人生で最初の「挫折」を体験した瞬間だった。

努力が報われなかったショックと、滑り止めで受かった私立の高校に行くことへの不満で、高校生活は絶望とともに始まった。加えて、制服は他校からダサいと言われ、男女交際は禁止、頭髪検査が毎月ある学校で、当初、学校生活で楽しげなことなど見つけられなかった。

当然のように、勉強にも身が入らない。入学時は、それまで猛勉強してきただけあって、上から10番目ぐらいの成績だったのが、しばらく勉強を完全にサボっていたら、試験で赤点ばかり取るようになった。高校1年生の終わりごろの模試では、一学年およそ400人中、科目によっては下から20番目ぐらいの成績に急降下した。

「何かしなきゃ」という焦りの気持ちで入った部活も、結局すぐに辞めた。学校での居場所がないから、学校が終わるとすぐ家に帰り、休みの日はひたすら家にこもるようになった。

僕にとって不運だったのは、その高校が、県内でいちばんと言えるほど学費が高かったことだ。

家計が苦しいなか、公立の進学校に行くために、わざわざお金をかけて塾にまで行かせてもらったのに、結果は、さらにお金のかかる私立高校に通うことになった。早い話が「結果を出せなかった金食い虫」であるわけで、僕の家庭内のポジションは最下層で定着し、家でも肩身の狭い思いをしていた。

「ねえねえ、お母さん、いい加減、私のお小遣い増やしてよね。私は公立に通ってて、祐馬よりお金かかってないんだから、お小遣いの額がもっと多くないと不公平じゃない」

そんな姉と両親との小遣い交渉が、リビングから聞こえてくることも少なくなかった。

そんなとき、僕は自分の部屋で小さくなって、聞こえていないフリをするのが精一杯だった。

絶望の縁で見つけた、公認会計士という目標

状況がよくないことは、さすがの僕もわかっていた。

人生このままでは終われない——。

10代半ばにして人生の崖っぷちに立たされているのを自覚した僕は、高校1年も終わりが近づいてきたころに、この状況から抜け出す手掛かりを求めて、藁《わら》をもつかむ思いで家の近くの図書館に通いはじめた。本が好きな父親の影響を受け、僕も小さなころから読書が好きで、本を読んで育っていた。物語の登場人物に勇気や感動を与えてもらった経験があったからこそ、人生の谷間から這《は》い出るきっかけを求めて、本のある場所に足を運ぼうと思ったのだ。

そこで僕は、いろいろな職業について調べはじめた。

目標が定まれば、僕だってもう一度がんばれるはずだ――。

その思いを胸に、図書館の「職業本」コーナーの前で、僕は自分の将来を見通そうと努めた。世の中には想像していた以上に多くの職業があることに驚くとともに、これだけ選択肢があるならば、自分にもまだ可能性が残されている気もした。

弁護士、医師、銀行員、公務員、教師……。まずは高校生が思いつきそうな定番の職業について調べていくなかで、ふと1冊の本に目が留まった。

『公認会計士になるには』。たしかそんな題だったように思う。

パラパラと本を見ていると、何人かの公認会計士の仕事ぶりが紹介されていた。すると、1つの見出しが僕の目に飛び込んできた。

――独立事業者をサポートする公認会計士
（これだ！）

僕はそう直感した。

僕が子どものころから好んで読んでいた本は、『三国志』や『項羽と劉邦』、『水滸伝』などの歴史マンガと歴史小説だった。歴史モノの物語で、僕のヒーローは決まって「軍師」や「参謀」と呼ばれる人たちだ。『三国志』なら主人公の劉備を支えた諸葛孔明、『項羽と劉邦』なら劉邦を支えた張良、『水滸伝』なら梁山泊の頭脳だった呉用が、僕にとっての憧れの存在だった。

カリスマ性と志が高いリーダーを、知略で支える頼もしき「ナンバー2」――。

大人になったらそういう人間になりたいと思っていた姿と、「参謀」として経営者を支える公認会計士の姿が見事なまでに重なりあった。

事業経営の成否は、関係する多くの人の生活を大きく左右する。経営者や従業員はもちろんのこと、その家族の生活も経営状況に大きな影響を受ける。僕は父の挑戦を応援していたけれど、それによって家族の生活に痛みが出たのも事実だ。父も家族に迷惑をかけて辛かったろうけれど、僕たち家族も、経営がうまくいかない苦しみを背負うことになった。

会計士になれば、父のように経営で苦しんでいる人を支えることができるし、僕のように、経営者の周りで苦しむ家族を減らすことができる。これは、僕のためにあるような職業じゃないかと思えて仕方がなかった。

そのとき以来、公認会計士になって経営者を支えることが僕の目標になった。

これは今の事業――ベンチャー企業の経営全般を支援する――を始めてから知ったことではあるが、日本では特に、立ち上げたばかりの企業や事業に対して支援の手が差し伸べられる仕組みには不十分な面がある。商品やサービスが何か1つ当たり、成功の足がかりをつかんだベンチャーには、人もお金も寄ってくるけれど、立ち上げたばかりで経営がいちばん苦しいときにはなかなか助けてもらえない。それが日本の現状だ。

新たに立ち上げた会社の90%は数年で潰れるという話を聞いたことがある人は多いだろう。その理由の1つは、創業間もない企業や事業を支援する仕組みが弱いからではないかと思っている。多くの人が同じような失敗を延々と繰り返し、立ち上げた会社がすぐに消えてなくなる状況に追い込まれる。その裏側で、従業員やその家族など大勢の人が苦しみに直面する。そのことを思うと、いつも胸が痛くなる。

今では単に、経営者の支援をしたいというだけではなくて、事業が儲けを出せるようになるまでのいちばん大変な時期を、経営者の伴走者としてサポートしたいと強く思っている。

その原点たる思いは、僕が過ごした少年時代にある。そして、高校時代に掲げた目標が、今の仕事のミッションにつながっているのだ。


公認会計士になることを目標に定めてからというもの、その後は目標到達のために必要なことを逆算し、それを行動に移していった。

いろいろと情報を集めていくと、公認会計士試験に受かる学生の数がいちばん多いのは、慶應義塾大学の経済学部だということがわかり（1998年当時の情報）、完全に慶應一本狙い撃ちで受験勉強を始めた。受験科目は英語と社会、小論文だけ。それ以外の勉強はまったくしなかった。なかでも英語は、1年サボって授業にもついていけなくなった遅れを取り戻すべく、中学1年生の教科書からやり直した。高2・高3のほとんどの時間を英語の勉強に費やし、追い込みで社会の勉強を本格的に始めたのは高3の夏になってからだった。

狙いを絞った猛勉強の甲斐あって、今度は志望学部に合格することができた。

これで僕は、高校受験の失敗を取り戻し、公認会計士になるための道を自分の手で切り拓くことができた。残す関門はただ1つ、公認会計士の試験だけだ。

だがその最後の試験で、地獄のような苦しみを味わうことになるとは、大学受験を終えたばかりの僕は、まだ知るよしもなかった……。

チャンスが潰えたその後で、差し出された救いの手

公認会計士試験は、司法試験と並んで難易度の高い試験と言われている。合格率は、僕

が学生だったころは8％台しかなかった（2015年は10・3％）。ざっと、12人に1人しか受からない計算だ。合格者の平均年齢は、年によって変動もあるけれど、だいたい20代後半ぐらいで推移している。学生のうちに受かるのはきわめて優秀な人に限られる。

つまり、この試験は幸運で受かるようなものではない。勉強に勉強を重ねた人だけが通れる狭き門だ。

僕は両親との話しあいで、試験に3回失敗したら目標は諦めて就職する、という約束を交わした。はじめて試験を受けたのは、ある程度勉強を積み重ねてきた大学3年生のときだ。このときは、一次試験には受かったものの、二次試験ではまったく歯が立たず、最初のチャンスはあえなくフイにしてしまう。

翌年は、前年以上に強い気持ちで試験勉強に臨んだ。親から与えられたチャンスがもう1回残されているとはいえ、これで受からなければ卒業して無職の浪人になってしまう。できれば今年でケリをつけたい。その覚悟で臨んだ二度目の試験も、結果は伴わなかった。

ここで、両親から思わぬ横槍が入った。

「せっかく慶應に入ったんだし、4年で卒業すれば、いい会社に入れるんじゃないの？」

事実、公認会計士の試験に受からなかった人たちを、積極的に採用している企業もあった。

でも、僕に迷いはなかった。

公認会計士になって経営者の参謀になる——。

その決意を胸に、僕は大学を卒業して無職となり、後へ退けない覚悟で試験勉強に臨んだ。

秋も終盤に差し掛かった11月半ば、運命の合格発表の日がやってきた。

最後のチャンス、これでダメなら人生の目標が潰えてしまう。

そう思うと胸の高まりを抑えられない。

家を出て、虎ノ門の金融庁（東京都千代田区）へ向かう。ここで合格者の受験番号が発表されるのだ。

自分の番号をあらためて確認し、掲示板に貼り出された合格者の一覧に目を通す。自分の番号があるとしたらどの辺か、まずアタリをつけ、順に番号を見比べる。合格率が低いだけあって、記された受験番号は飛び飛びだ。自分の番号を見落とすことがないように、慎重に番号を確かめる。

貼り出された番号と、自分の受験番号を何度も何度も見比べる。でも、何度見ても結果は変わらない。そこには、僕の番号は記されていなかった……。

それからしばらくは茫然自失だった。

自分では記憶がないのだけれど、夢遊病者のようにふらふらと、都心のオフィス街や大使館が立ち並ぶ地域を歩いていたらしい。気づいたときには、金融庁から5キロメートル以上も離れた品川駅に着いていた。時計を見ると、とぼとぼと1時間半近く歩いていたようだ。

そこでふと我に返り、連絡を待つ両親に電話をかける。

「あの、僕だけど……、今回もダメだったよ……」

「あらそう……、がんばったのに……残念だったわね……」

電話に出たのは母親だった。高校受験で失敗したときと似たようなやりとりで、あのときと同様、母親の落胆が電話越しに痛いほど伝わってきて、僕の心はまた一段と沈んだ。

長年の目標だった公認会計士は、夢のまま終わってしまった。家庭の事情を考えると、さすがにもう一度チャレンジさせてほしいとは言えなかったし、僕自身、勉強をもう一度がんばる気力も残っていなかった。

とはいえ、いつまでも塞ぎ込んでいるわけにもいかない。目標が潰えた現実を受け止め、就職活動を始めた。家に負担をかけつづけてきた分を、自分で働いて返していかなければならない。幸い、俗に「会計士崩れ」と呼ばれる人たちを積極的に採用する会社からすぐに内定をもらい、そこで働くことに決めた。

それから1週間ほど経ったある日、母親から「話がある」と呼び止められた。

父親と姉は仕事で、弟は学校で家にはいない。静まり返った家の食卓で、母親と向きあって座ると、母親は僕の目の前に1冊の銀行通帳を出した。僕は驚きのあまり言葉も出せず、母親を見つめ返した。

「ここに、いくらかのお金があるわ。会計士、あなたの夢だったんでしょ。もう1年、予備校に通うぐらいの額はあるはずだから、これでがんばってみなさい」

そのお金は、母がパートで貯めたへそくりだった。老後のためにとっておくお金だったに違いない。それをそっと差し出してくれた母の優しさに、思わず胸が熱くなる。潰えたはずのチャンスがまた出てきたと思うと、母の優しさに応えるためにも、もう一度がんばってみたいという気持ちが芽生えてきた。いや、今年こそ何がなんでも受かってみせると、俄然やる気が高まってきた。

浪人生活で味わった人生のどん底

それからというもの、生活はすべて試験に受かるために組み立てた。起きている間で勉強していないのはトイレとお風呂のときぐらいだった。とにかく隙間時間をなくすことを考えて、ご飯を食べるときも勉強に充てられるように、暗記すべき項目を録音し、それをひたすら聞いていた。浪人1年目の勉強時間が1日平均8時間ちょっと、決意を新たにした2年目は、十数時間は勉強に充てた。

同時に、浪人生活が長引くにつれ、この手の資格試験の厳しさを重く感じるようにもなっていた。高校受験も大学受験も、滑り止めという選択肢が存在する。努力に努力を重ねた結果、第一志望に受からなければたしかに喪失感や挫折感があるけれど、それでもまだ、不本意とはいえ一定の成果を実感することができる。ところが資格試験というのは、受かるか諦めるかの二択しかない。そのシビアさを、大学を卒業して「無職」になってから、強く実感するようになった。ときには、プレッシャーからくるストレスで体調を崩すこともあった。

――なんでここまで辛い思いをしてまで、公認会計士にこだわるんだろう？

ひたすら苦しい時間は、原点に立ち返って考えるきっかけをもたらしてもくれた。公認会計士になってベンチャー支援をすることで、結局のところ、僕は何をしたいのか――。

自分のミッションを徹底的に見つめ直し、深掘りするいい時間にもなった。試験勉強のちょっとした息抜きのために、ベンチャー企業の経営者の本を読んでみたり、仕事とは何かを問いかける本質的な本を読んでみたり……。そこから得た刺激が、苦しい試験勉強を乗り越える新たな燃料にもなった。

目標を達成するためには、苦しみを乗り越えなければならないこともある。それはミッションを仕事にする場合でも同じだ。辛い境遇を耐えるには、そのための心構え（マインド）が必要だということを、辛い辛い浪人時代に身をもって学んだ。

僕がいかにしてこの辛い時期を乗り越えたか、詳しくはまた後（第2章）で触れるとして、1つ大きかったのが試験仲間の存在だ。浪人1年目まで、僕はあまり周りと交わらず、1人で勉強を続けてきた。浪人2年目に突入し、今年こそ何がなんでも受かってみせると腹を括ると、試験勉強に臨む心構えも変わり、積極的に試験仲間を増やすようになった。それにより、同じ目標を持った人たちと、思いを共有できるようになり、苦しいときの心の支えになった。さらには、試験の出題傾向や、試験に影響がある法改正の最新情報など、試験に向けて有用な情報を交換できたことで、気持ちに余裕を持てるようにもなった。

ちなみに、地方のベンチャー企業がなかなか結果を出せないのも、浪人1年目までの僕の状況と似ている。事業としてのポテンシャルは高くても、ネットワークがないと、市場で受け入れられる形にまで持っていくのが難しい。ミッションを実現していくにあたり、ネットワークを築くことの重要性も、浪人時代の経験から学んだことだ。

そして、運命の合格発表の日が訪れた——。

正直、手応えとしてはよくなかった。自分の出来栄えだと、予想された合格ラインには届かず、自分では落ちたと思っていた。

それでも僕は、もう1年、いや、会計士に受かるまで何度でも試験に挑もうと思っていた。消えかかっていた気持ちに、母親がもう一度火をつけてくれたとき、アルバイトをしながらでも、公認会計士になるまでは諦めないと心に誓っていた。

その日は、厳しい現実を受け止める覚悟で家を出た。1年前、あまりのショックで、夢遊病者のように都心を歩きまわったことを思い出す。今年はダメでも、去年のように取り乱すことだけはするまい。そう自分に言い聞かせながら最寄り駅に着くと、見知らぬ番号から電話がかかってきた。

「はい、もしもし斎藤です」

何となく虫の知らせのようなものを感じ、誰からかわからない電話に出た。

「斎藤さん、おめでとうございます！　先日の採用説明会に来ていただいた監査法人の者ですが、その後、ご就職先のご検討状況はいかがでしょうか？」

監査法人の就職活動は、試験の合格発表の前から始まっている。僕もダメだろうとは思いつつも、採用説明会を聞きに行き、連絡先や受験番号を先方に伝えていた。

「えっ⁉『おめでとうございます』ってどういうことですか……？」

「あれ、まだ発表をご覧になってはいないのでしょうか？　先ほど私どもが発表を見に行きましたら、斎藤さんの受験番号が掲示されていたものですから……」

「えっ、本当ですか⁉　僕が合格してたってことなんですか⁉」

「ええ、たしかに。私が何度も確認しましたから」

そこから先は、何をどう話し、電話をどう切ったかも覚えていない。駅のホームで、人目も気にせず、僕は泣き崩れていた。

ベンチャー立ち上げ支援ができると思っていたのに……

就職先は、ほとんど迷うことなく「監査法人トーマツ」を志望した。「トーマツはベンチャーに強い」というのが、この業界の誰もが口を揃える揺るぎない評価だったからだ。

監査法人の主な業務は、企業の財務書類の監査を行い、虚偽がない正当なものであることを証明することだ。会計監査は、公認会計士の独占業務とされている。四大監査法人ともなると、顧客の多くは東証一部上場の大企業だ。会計士にとっては、大企業の監査を担当することが自分の能力（スキル）の証であり、ステータスと捉える人もいる。

それが当たり前の文化のなかで、当時からベンチャーに力を入れていたトーマツは、四大監査法人のなかでも異例の存在だった。それを知った僕は、「まるで僕のためにあるような職場じゃないか」と、トーマツで働くことを望んだのだ。

苦労の末に公認会計士の試験に合格し、志望どおり、ベンチャーに強みを持つトーマツに就職することができた。僕は当然のように、長年思い描いた仕事ができると、希望に胸を膨らませていた。

ところが——。現実は、そううまくは運ばない。

今思えば当然なのだが、トーマツのような大手監査法人が手掛けるベンチャー支援業務とは、主にベンチャー企業の株式上場支援のことを指していた。

「ベンチャー企業」と言うと、きらびやかで勢いのあるイメージがつきまとうかもしれないが、実際には、個人ないし数人で立ち上げた、誕生間もない中小企業も少なくない。そんななか、ほとんどのベンチャーは上場とは無縁のまま、むしろ製品やサービスが売れるようになる前に、資金が尽きて、人知れず消えていく。

起業して、製品やサービスが売れるようになるまでが、ベンチャーにとっていちばん苦しい時間だ。そこを乗り越える力がなければ、どんなに事業としてのポテンシャルはあっても、生き延びていくことはできない。資金が底をつく前に製品やサービスが当たり、売り上げを伸ばすことができた企業だけが、組織を成長させて株式上場を目指すことができる。すなわち、僕が働きはじめた当時のトーマツでターゲットしていたベンチャー企業の上場支援とは、ベンチャー全体の母集団から見ると、上位に位置する成長性の高い企業に対してのものがほとんどだった。

加えて、経営者に対して経営のあり方についてアドバイスするような機会なんて、少なくとも働きはじめて間もない現場の会計士が持つのは難しかった。

もちろん、当時の僕も、そういう力を持ちあわせていたわけではない。それは今になってよくわかることではあるけれど、それでも当時の僕は、経営者の「参謀」として、父のように苦しみのまっただ中にある経営者の力になりたいと強く願った。

自分がそういう「参謀」になるには、僕は何をすべきなのか――。

それを必死で考え、模索する日々が始まった。

「挑戦する人とともに未来をひらく」

入社2年目に入ると、平日の夜と週末を利用して、ベンチャー企業の経営者を訪ね歩くようになった。今振り返ると、僕が持っていたのはベンチャー支援をしたいという強い気持ちだけで、僕がベンチャー企業の経営者に提供できることなど何もなかった。先方からすれば、会計士の若僧がベンチャー経営者と会うなんて奇妙なことだと思っていたに違いない。アポイントを試みた時点で体よく断られることも多かった。

けれど、そんなことを3年も続けるうち、僕にもできることが徐々に増え、ベンチャー業界のなかでも、僕の活動が少しずつ認知されはじめた。そんな折、経営体制の刷新のタイミングで、組織としてベンチャーの経営全般を支援する新規事業に取り組むことが決まり、2010年10月、トーマツグループ（現・デロイトトーマツグループ）内に、トーマツベンチャーサポート（略称TVS）という法人が立ち上がった（正確には、休眠していた会社を復活させた）。

新規事業とは言っても、復活当初の現場のスタッフは僕1人。しかも、会計士としての監査業務をこれまで通りこなすという条件で、平日の夜と土日を使ってベンチャー経営者に会いに行く日々は変わらない。

それでも小さな成果を積み重ねていくと、TVSでの仕事を平日に行うことが認められるようになった。1人、また1人と、新規事業に携わるメンバーも増えてきた。今では100人を超すチームのメンバーたちと、ベンチャー企業に対してさまざまな支援サービスを提供している。

TVSでは、「挑戦する人とともに未来をひらく」というミッションを掲げている。

ここで言う「挑戦する人」とは、「人生のミッションを持ち、そこに本気で向きあっていこうとしてる人」のことを指す。起業家やベンチャー企業の経営者がそこに含まれるのはもちろんだけれど、それ以外にも「挑戦する人」は大勢いる。大企業のなかで新たな事業をつくろうとしている人もいれば、官公庁や自治体のなかで、国や地域を盛り上げていこうとしている人もいる。活躍の場を海外に求め、世界を舞台に新たな事業に取り組もうとしている人もいる。

そういうすべての「挑戦する人」とともに、未来の当たり前になるような製品やサービス、あるいは仕組みをつくっていきたいというのが僕らのチームのミッションだ。さらに言うと、「挑戦する人を増やして育てる仕組みをつくる」のが、今の僕にとってのミッションになっている。「苦境にあるベンチャー企業を支援したい」という当初思い描いていたミッションは、少し大きなものとなり、より広い射程を持つようになってきている。

ＴＶＳができてからの5年間も、決して平坦な道程ではなかった。山あり谷ありどころか、最初の何年かはほとんど谷底を歩いている感覚しかなかったし、活動が社外で評価されるようになってくると、むしろ社内の風当たりが強まったと感じることさえあった。

「なんであんなに苦しんでいたのに辞めなかったんですか？」

親しい後輩からは、今も冗談交じりにそう聞かれる。それくらい当時の僕は辛そうに見えたということだ。

ミッションを生きるのは、決して楽なことばかりではない。ときには、心が折れそうなほど辛い思いをすることだってある。それでも苦しみを乗り越えて、自分のミッションを果たしていくのは、何にも代えがたい喜びがある。

多くの人に、この喜びを体感してほしい。そのために必要なのは、ちょっとしたコツやノウハウ、心構えだ。次章以降で、それらを1つずつ紐解いていきたい。

第1章

ミッションを定める

自分が「登るべき山」を見つける

「感情曲線」で自分の人生の「原体験」を見出す——ミッションを探す①

自分のミッションをいかにして見つけるか——。

それが、ミッション志向の人生を歩むための最初のステップだ。

周りの友人知人の話を聞くと、その時点で躓《つまず》いている人が少なからずいる。

自分も何か、人生を賭けて取り組める仕事をしたい。でも、それが何かわからず悩んでいるという。

この悩みに僕はどう応えることができるのか。しばらく自問自答を続けていると、あるとき1つの方法を思いついた。偶然見つけたと言ってもいいかもしれない。

それは、TVSが活動を始めて間もない2012年夏のことだ。このとき、チームのメンバーで合宿を行った。目的はそれぞれのミッションをメンバー間で共有し、チームの一体感を醸成するためだ。

僕はこの合宿で、なぜベンチャー支援に取り組んでいるのかを、人生を振り返りながらストーリーで語った。すると、他のメンバーの反応が実によく、おまけに、僕自身も自分

図1-1　感情曲線とその描き方

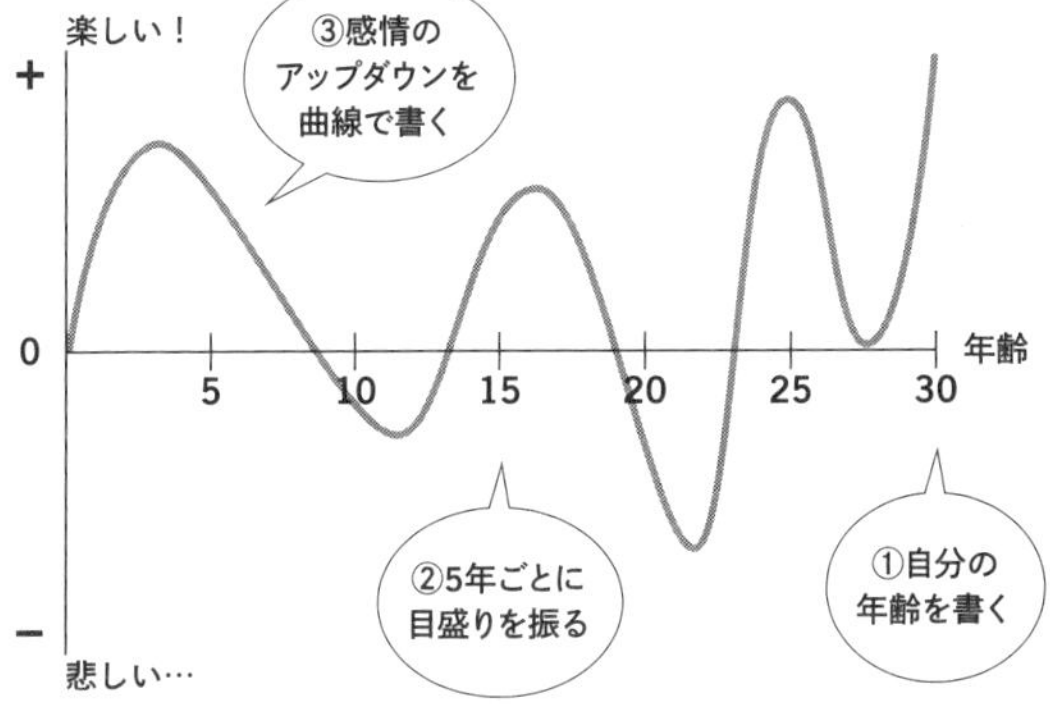

のミッションを再確認することができた。

――これは使えるかもしれない。

それ以来、僕は自分のミッションを語る際、自分の半生をセットで話すようになった。あわせて、チームのメンバーにも、自分の人生を振り返り、その延長線上でミッションを語ってもらうようにした。

このとき僕が使ったツールが「**感情曲線**」というものだ（図1-1参照）。

横軸に年齢を、縦軸に感情の大きさを設定し、人生における重要な出来事と、そのときどきの感情の大きさをプロットしてそれを線でつないでいく。喜びや楽しさに満ち溢れたよい出来事ならプラスの側に、悲しみや絶望を抱えた辛い出来事ならマイナスの側に記す。どの出来事を重要と考えるか、それがプラスとマイナスのどちらに位置するのか、はたまたそのときの感情がどれぐらいの強さだったかは、本人の主観で判断すればいい。

ちなみに、「感情曲線」そのものは僕の発明でもなんでもない。自分の人生を客観的に見つめ直すツールとして、心理カウンセリングの現場でよく使われているようだ。

第0章で紹介した僕の人生を「感情曲線」で表すと、ざっと51ページの図1-2のような感じになる。

高校受験に失敗したとか、大学では第一志望に合格したとか、自分が大事だと思う出来事と、そのときの感情の強さを、自分の判断で書き込んでいく。見てのとおり、僕のこれまでの人生は、10代後半から20代前半にかけてほとんどずっとマイナスの低空飛行だ。長い間、辛く苦しい思いをしてきたことが、そこから抜け出す大きな原動力、すなわち僕の「原体験」になっている。

第0章の冒頭で触れたように、自分のミッションを見つける第一歩は、自分の「原体験」を自覚することにある。「原体験」は、人生の〈山〉と〈谷〉に該当することが多い。**「感情曲線」のいいところは、自分の人生の〈山〉と〈谷〉がどこにあるか、視覚的に捉えられるようになることだ。**

図1-2　僕の感情曲線

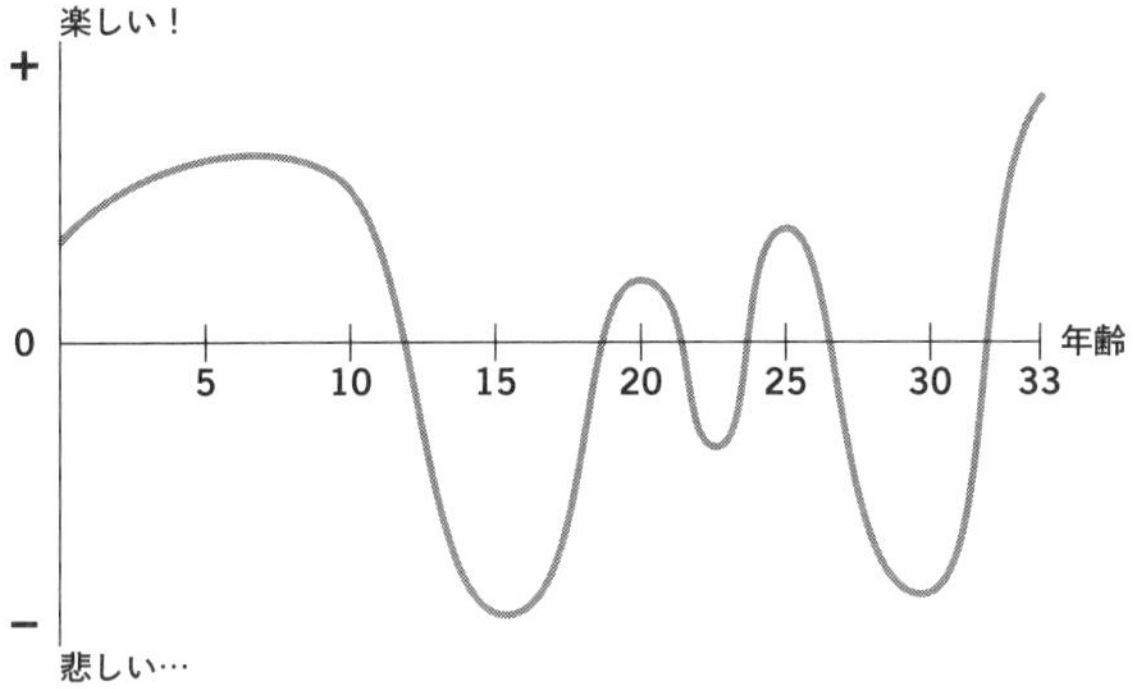

このとき、「感情曲線」で記された起伏の大きさにも注目してほしい。**「原体験」**の〈山〉や〈谷〉の振幅が大きい人ほど、ミッションを生きる原動力も強くなる傾向がある。

強烈な成功体験や苦しい体験をした人は、その喜びを糧《かて》に、あるいは苦しみをバネに、その後の人生を歩むエネルギーが高くなる。そのエネルギーのことを、僕は**「熱量」**と呼んでいる。自分のミッションを果たすため、企業を立ち上げるような人たちは、みな強烈な「原体験」と、高い「熱量」を持っている。

だからといって、強烈な「原体験」がなければミッションを見つけられないというわけではない。自分の人生のなかから自分のミッションを探し、「熱量」を高めていくちょっとしたコツのようなものもある。それについては、本章の最後であらためて紹介したい。

自分の「価値観」を2つのキーワードで表現する――ミッションを探す②

僕やチームのメンバーは、「感情曲線」を使って自分の「原体験」を探す、通称「原体験ワークショップ」をこれまでに幾度も開催し、多くの人から好評を得ている。自分で「感情曲線」を描くだけでなく、それにもとづき、グループごとに自分の半生を語りあうスタイルだ。

大企業や官公庁の中堅どころの社員の人たち向けにワークショップを開催したときは、特に大きな盛り上がりを見せた。みな、仕事を始めたときの熱い気持ちを思い出して熱く語りはじめる。規定の時間内では収まりきらず、後で聞いた話によれば、飲みに行って夜中まで語りあうほどだったそうだ。

このように「感情曲線」は、「原体験」から「ミッション」を見つけるだけでなく、自分の「原体験」や「ミッション」を見つめ直すうえでも有用だ。

「感情曲線」から「原体験」を突き止めたら、なぜその体験が、自分にとって重要な意味を持つのかを考える。できればワークショップのように、自分以外の他人に「感情曲線」を見てもらうのがベターだけれど、それが難しければ、まずは1人でやってみてほしい。なぜ、ある体験は自分にとっていい感情をもたらし、別の体験は負の感情をもたらすのか。自分が何に喜びを感じ、何を辛いと感じるのか。それを「言葉」で探っていく。

僕らが今取り組んでいるやり方では、**自分の人生で重要な「価値観」を、2つのキーワードに落とし込む**。僕の場合は「笑顔」と「挑戦」だ。とにかく自分が「挑戦」することが好きだし、「挑戦」する人を応援して、その人の「笑顔」を見られることが自分にとっての喜びになる。

僕の後輩に当たるあるチームメンバーの例では、「人とのつながり」と「知識欲」というケースもあった。両方が満たされていると、その後輩は充実感を得られ、どちらか一方でも満たされないと、気持ちが下向きになっていくのだそうだ。

「価値観」を2つにまとめなければならない理由はないが、たいていの場合、2つにまで落とし込んではっきり言語化できると、自分の人生の浮き沈みを説明できるようになる。数が多すぎると、自分でも何が本当に大事なのかがわからなくなってしまうし、2つというのは妥当なところではないかと思う。

この「価値観」が、今後の人生の進路を決める羅針盤の役割を果たす。ある道を選べば、自分の「価値観」が満たされそうだとなれば、その道を進むべきだし、「価値観」と相反するような道は、選ぶべきではないと判断を下せばいい。

「原体験」と「価値観」から「登るべき山」を見つける——ミッションを探す③

ここまで来たら、次はいよいよ自分のミッションを見定めていく段階だ。「原体験」と「価値観」をもとに、自分が何を達成できると喜びを感じられるかを見極めていく。

これを僕は、よく山登りにたとえる。世の中に、登るに値する山はいくつもある。そのなかで、自分が本当に登りたい、あるいは「**登るべき山**」はどれなのか、その対象と理由を明確にするのだ。

同じことを、ビジネス寄りの言葉で言い換えると、この社会には、解決すべき課題やさまざまなニーズが存在する。それはおそらく、誰かが挑むべきテーマだが、必ずしも自分が挑まなければならないものではない。自分がどうしても挑まなければならないテーマ

図1-3 「原体験」から「登るべき山」を見つける

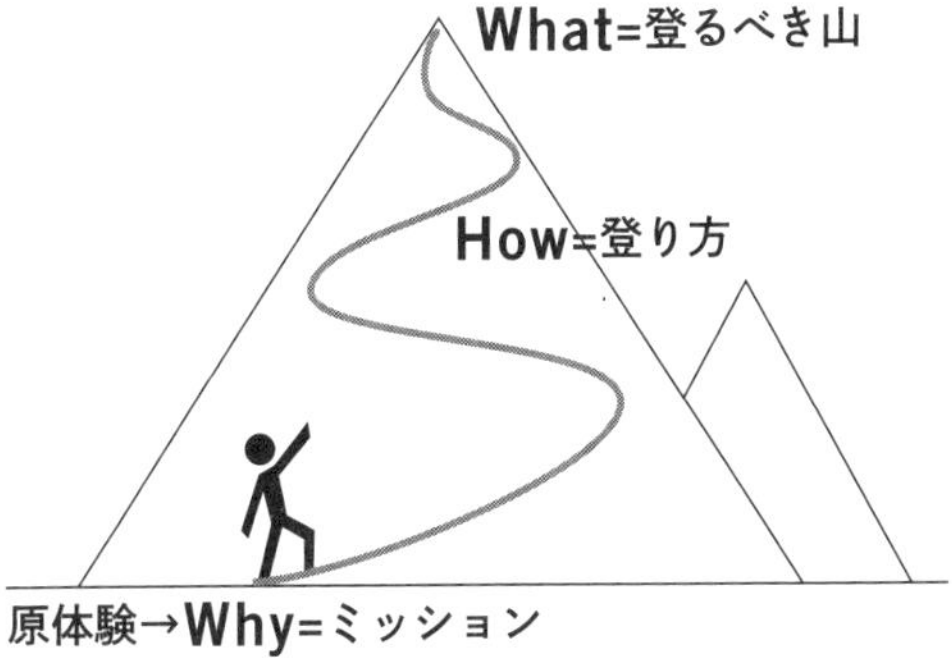

が、自分にとってのミッションになる。

僕の場合は、中学生のころに体験した父親の独立・起業が、最初の大きな「原体験」だ。苦しむ経営者を支援して、その周りにいる家族や関係者の暮らしを守りたい。多くの人が笑顔で暮らせるようにしたい。それこそが、僕が挑むべきテーマであり、僕のミッションの原型になった。その後、公認会計士試験で味わった苦労は、何がなんでもミッションを達成する「熱量」の源泉になっている。

このとき、「原体験」や「価値観」から、自分が取り組むべきテーマが見えてこないこともあるかもしれない。たとえば、自分にとって大事な「価値観」は、「知識欲」と「人とのつながり」だとわかっても、どういう山を目指せば、この2つを満たしながら山を登っていけるのかがすぐにはわからない場合もある。

そういうときは、**自分は誰の笑顔を見たいのか**、を考えてみるといい。

自分が誰のためにがんばりたいかが見えてくると、考えるポイントが具体的になってくる。僕の場合は、最初はベンチャー企業の経営者だし、今ではそれを一段抽象化して、「挑戦する人」になっている。

もう1つ、ミッションを定める段階で気をつけておきたいのは、**少なくとも5年、10年は取り組みつづけていけそうなテーマを選ぶこと**だ。

2~3年ならがんばれそうなテーマは、いくつかは考えつくはずだ。期間を区切れば、たとえ本意ではなくとも、割り切って走り切ることはできる。それが、5年、10年という長い時間になると、自分が心の底から納得できることでなければ、がんばりつづけるのは難しい。

長期継続できそうかどうかは、目の前のテーマが本当のミッションになるかを見極めるリトマス試験紙になる。

ミッションは「仮決め」でもいい

今の話と矛盾するように聞こえるかもしれないけれど、ミッションは、最初から完璧なものをつくる必要はない。というよりもむしろ、完璧なものをつくったつもりでも、後から変わってくるのが常だ。ミッションは「仮決め」で十分なのだ。

トーマツベンチャーサポート（TVS）の場合も、時間とともにミッションも変化・成長してきた。最初は「ベンチャー支援」に狙いを絞っていたけれど、今ではそれが少し大きくなって、「挑戦する人への支援」が中心軸になっている。

ただし、**最初に登ろうと決めた山（テーマ）そのものを変えてはいけない**。

よくありがちなことに、ミッションを仮決めし、いざ自分で動き出してみたものの、どうにもうまくいかないからという理由で、世の中で流行っていることや話題になっていることに、目標をシフトさせてしまう人がいる。

先にも触れたとおり、社会には解決すべき課題やニーズは数多く存在する。けれども、そこに挑む明確な理由が自分の「原体験」になければ、そのテーマに長い時間をかけて挑んでいくことはできない。

ミッションをライフワークにするためにも、自分の人生の「原体験」や「価値観」から導き出したテーマ（山）の大枠は変えてはいけない。変えていいのは、山の「登り方」だけだ。あるいは、ＴＶＳの場合のように、テーマを一段抽象化して、山そのものを大きくするのも1つの手だろう。そうやって走りながら、ミッションを日々ブラッシュアップしていけばいい。

このことを僕は、バスケットボールによくたとえる。バスケでは、ボールを持って3歩以上歩くと「トラベリング」という反則になる。でも、片足を動かさず軸にして、もう片方の足だけを動かす「ピボット」ならルール上問題はない。

それと同じように、ミッションを定める際も、「トラベリング」をしてはいけない。たしかに、隣の芝生は青く見えるものではあるけれど、マーケットが大きそうだから、あるいは稼ぎがよくなりそうだからという理由で、事業や仕事を選ぶのであれば、それはとてもミッション志向とは言えない。

ミッションを定めていざ走りだしてみて、どうにもうまくいかないときは、「ピボット」でミッションへのアプローチを変える。そのことをよく覚えておいてほしい。

もう1つ、ミッションを定めるうえで押さえておきたいポイントがある。

それは、先ほどの抽象化とは対照的に、テーマを定量化・具体化するアプローチだ。

例を挙げると、ＴＶＳの学生アルバイトとして、愛媛大学から学生がやってきたことがある。その学生、武田知大は地元が大好きで、とにかく地元を盛り上げたいという熱い思いを持っていた。生まれ育った地元が人口流出で活力を失っている。その危機感が彼にとっての「原体験」で、愛媛を活気あふれる場所にしたいというのが、彼のミッションの原型だった。

ただ、「地元を盛り上げたい」だけではテーマがどうにもぼんやりしていて、具体的に何をすればいいかがよく見えてこない。それは、彼の話を聞いている周りの人間だけでなく、当の本人にとっても同じだった。彼は熱い思いを抱えていながら、その思いをどうすれば実現できるのか、心の火種を燻らせていた。

そのとき僕が彼にアドバイスしたのが、「**目標を定量化してわかりやすくすること**」だった。彼とは通勤に同じ路線の電車を使っていたこともあり、仕事帰りに車内であれこれ議論を交わした。そのなかで見えてきたのが、「愛媛で10年以内に１００の事業を興す」という目標だった。

目標が定まると、彼の気持ちにも行動にも俄然スイッチが入った。あれから3年、彼は子ども向けのデジタルものづくり教室「テックプログレス」を立ち上げた。その取り組みは全国紙でも紹介され、彼も四国では有名な存在になりつつある。

ミッションが明確に定まると、彼のように迷うことなく走りだせる人は多い。

僕の実感では、誰しも人は、心のうちに自分の人生を走るためのエンジンを持っている。ただ、ミッションが定まらないと、どこに向かって走ればいいかが見えてこない。その間、エンジンはアイドリング状態にある。ミッションは、自分がもともと持っているエンジンを活かし、さらには自分の人生を能動的に生きるためのマップの役割も果たすのだ。

ミッションは語れば語るほど成長する

ミッションを自分なりに定めたら（もちろん「仮決め」でいい）、とにかく大勢の人に、自分のミッションを語ってみる。これは、かなり重要なステップとなる。

自分はこれから先、どういうことに取り組みたいのか。その理由はこれまでの人生のどういう「原体験」にあり、そのときの体験を活かして何を実現していきたいのか。それをとにかく多くの人に語る。

できれば、**100人ぐらいには話してみてほしい。**

話しているうちに、自分のなかでしっくりきていなかった部分が浮き上がってくることもあるし、聞き手の思わぬ質問や意見で、ミッションの粗さが露呈するかもしれない。あるいは、自分でも気づいていなかったような、より深いテーマを発見するかもしれない。それによって、自分のミッションを磨き、ブラッシュアップしていくことができる。

「仮決め」でいい、と言った理由もまさにここにあり、たとえ仮のミッションでも、語りつづけるなかでより自分の本質に近いミッションにたどり着けるのだ。

ミッションが自分のなかではっきり定まってくると、自分の人生を能動的に走っていけるようになる。さらには、ミッションを歩みはじめたあと、辛い目に遭って心が折れそうになったときでも、「原体験」や「価値観」、ミッションを思い出すと、もう一度がんばる活力が湧いてくる。

ミッションを明確に定める利点はそれだけではない。自分のミッションをわかりやすく語ることができるようになれば、人の共感を集め、人に行動を促し、自分の人生に巻き込んでいくことができる。

自分のミッションを生きる「熱量」の高い人は、自分と同じように「熱量」の高い人間と会いたがる傾向が強い。自分のミッションが明確になり、自分の「熱量」を高めることができれば、人間関係にも変化が生まれ、「熱量」の高い人たちとの付き合いが増えるはずだ。「熱量」の高い人たちとの交流は、自分にとって新たな刺激になり、ミッションを走り切るモチベーションも高まっていく。こうしたポジティブな連鎖がつながって、自分のミッションをスムーズに歩めるようになっていく。

共感を呼ぶストーリーづくりのフレームワーク「My-Our-Now」

こうしたミッションの力を最大限に活かすには、ミッションの伝え方も重要だ。それには「My-Our-Now」というフレームワークにもとづく3つのポイントがある。

第0章で紹介した僕の「原体験」は、あくまで「僕」が主語の一人称のストーリーだ。それを語ることで、話を聞く人（読む人）に僕がどういう人間かをわかってもらい、なぜ僕が自分のミッションに挑むのか、それを伝えることができる。聞き手は、それによって話し手の本気度を見ることができる。これがまず1つ目のポイントだ。

図1-4　ミッションを伝えるための3つの「ストーリー」

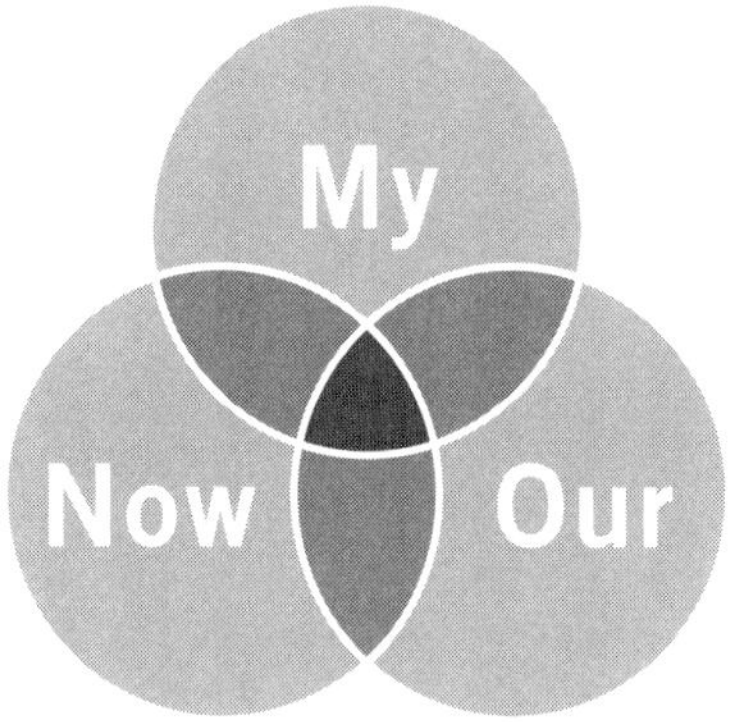

ただ、それだけだと、話し手と聞き手は、いつまでも「私（Ｉ）」と「あなた（Ｙｏｕ）」の一対一の関係から抜け出せない。それを「私たち（Ｗｅ）」の関係性に変えるのが２つ目のポイントだ。

僕の例では、僕が公認会計士になりたい、ベンチャー企業の支援をしたいと言うだけでは、聞き手は仮に感動しても、「がんばってね」と声をかけるといったその場の応援だけで終わってしまう。それを、聞き手の視点にあわせて課題や価値観を共有すると、僕が１人で話していた「Ｍｙ Ｓｔｏｒｙ」は、聞き手と連帯した「Ｏｕｒ Ｓｔｏｒｙ」につながっていく。

たとえば同じ会社の人と話すのであれば、会社としてこうすべきだというポイントに話の照準をあわせ、同じ業界の人と話すのであれば、業界全体の課題に焦点を当てる。さらには、業界の垣根も越えた社会や世界全体の問題として語れば、幅広い人たちの価値観を共有することだって可能だろう。

こうして視点を「個人」から「会社」、「業界」、「社会」へと高めていくと、話し手と聞き手、「私（Ｉ）」と「あなた（Ｙｏｕ）」が一体になって「私たち（Ｗｅ）」になる。すると、聞き手にとって、話の重要度が高まっていく。

このとき、押さえておきたいちょっとしたコツがある。**誰に対して話をしているかを自分がはっきり理解しておくことだ。**

社外の人と話しているのに、「我が社としてはこうすべきだ」といくら力説したところで、聞き手にとっては関係ない話で終わってしまう。その人は同業他社なのか、そもそも業界も違うのか、さらには、その人をどう巻き込んでいきたいのか、そこまでの情報とイメージを持っておくと、自分のミッションを語る際に共感を集めやすくなる。

ミッションを語る３つ目のポイントは、「なぜ今やらなければならないか（Ｎｏｗ）」を明確に示すことだ。

人間というのは元来ものぐさで、重要度と緊急度を兼ね備えたテーマだけが、人に行動を促すことができると言われている。「Ｍｙ Ｓｔｏｒｙ」と「Ｏｕｒ Ｓｔｏｒｙ」を聞くことで、話し手やテーマに対する関心や重要度が高まっても、それが今すぐ行動に移す必要にないものであれば、人はなかなか重い腰を上げない。

たとえば、貧困や格差の問題をなんとかしなければいけないと、ある人が訴えたとする。それは、ほとんど誰しも反論しえない重要なテーマではあるけれど、貧困や格差はこれまでも存在していたわけで、それを「今（Ｎｏｗ）」解決しなければならない理由は見えにくい。もちろん、大半の人がいつかは解決すべきだと思っても、切迫性を感じられなければ、聞き手の行動を促すことは難しい。

聞き手の共感を高めて行動につなげるには、私たち（Ｗｅ）の間で重要なこのテーマは、「今（Ｎｏｗ）」取り組まなければならないものだと明確に示す必要がある。僕らＴＶＳの場合なら、次のような語り口になる。

日本はこれから人口減少社会に突入する。高齢化もますます進展し、生産年齢人口は減少の一途をたどる。人口減少が本格化する２０２０年までに日本経済の生産効率を高め、少ない生産年齢人口でも、日本もしくは地方がきちんと稼げる仕組みづくりと、その担い手である企業を育成しておく必要がある。そのためにベンチャー企業が育つ土壌づくりに「今（Ｎｏｗ）」取り組まなければならない。だから、私たちの事業に手を貸してほしい。

こんなふうにストーリーを組み立てれば、聞き手の共感や協力を得やすくなる。

ちなみに、ここで紹介した「My-Our-Now」のフレームワークは、「コミュニティ・オーガナイジング」と呼ばれる、人を巻き込み社会変革を引き起こす手法を僕なりに解釈したものだ。オバマ大統領が大統領選で勝てたのも、この手法を駆使したからだと言われている。

「メイド・イン・ジャパン」の復活を目指す——起業家の熱き「原体験」①

僕がベンチャー支援を通じてご縁をいただいた起業家たちは、みな大きな「熱量」を持っている。「原体験」が「ミッション」となって「熱量」を生み、それが多くの人を巻き込む「ストーリー」となっていくさまを、ある1人の起業家の例を通して紹介したい。

「日本でグッチのようなアパレルブランドをつくる」

それが、ファクトリーブランド専門のアパレルECサイト「ファクトリエ（Factelier）」を運営する山田敏夫さんが目指すミッションだ。山田さんがサービスを始めた2012年の売り上げは年間1500万円だったが、わずか4年で年商10億円ベースにまで急成長し、アパレル業界のみならず、ベンチャー経営者としても注目を集めている。

「ファクトリーブランド」とは、アパレル工場自身の名前で製品を製造・販売するブランドのことを指す。

日本のアパレル工場は、高い縫製技術を持ちながら（あるいは持つがゆえに）、世界的ファッションブランドの委託生産（OEM）を手掛けていることが多い。「ファクトリエ」はそれと対照的に、工場のブランドで製品の製造と販売を行う。「ファクトリエ」のサイトで販売される製品には、タグに「Factelier by（工場名）」と印される。これまでのアパレルの常識では裏方にまわることが多かったアパレル工場が、自社の名前で製品を手掛けること、それが「ファクトリエ」のビジネスモデルの新しさだ。

なお、「ファクトリエ（Factelier）」とは、「Factory（ファクトリー・工場）」と「Atelier（アトリエ・集まる場所）」を足しあわせた造語で、「工場・工房が集まる場所」を意味している。

これまでのアパレル業界の流通構造では、工場と利用者の間に、商社や卸売業者が介在する。それによって小売価格は製造原価の何倍にもなり、一般的にはアパレル製品の原価率は小売価格の約20％程度と言われている。たとえば３万円で売られている一流ブランドのシャツでも、アパレル工場が手にするのは６０００円程度にすぎない。

しかも、このときアパレル工場は、自分たちが製造するものに対して最終的な価格決定権を持たない。アパレル業界の商流においては、メーカー（ブランド）が圧倒的に強い力を持っている。メーカーが希望する価格で販売するため、工場にとっては利幅の薄い値段で製品を製造することが求められることが多い。なかには、製造原価よりも安い価格で出荷しなければならず、仕事を引き受ければ引き受けるほど赤字を産む状況に陥っている工場も少なくないという。工場からすれば、その価格を突っぱねれば仕事を受けることができず、工場をたたむしかなくなってしまう。

加えて、業界全体の傾向として、低価格化に拍車がかかっている。高い技術を持つ日本のアパレル工場で、低価格の製品をつくるのはますます割にあわなくなっている。そのため、業界全体が原価抑制のために生産拠点の多くを海外に移している。

こうしたさまざまな理由により、日本から高い技術を持ったアパレル工場が次から次へと姿を消している。１９９０年に６万か所あった製造事業所が、２０１５年時点で約６分の1に激減。それに伴いアパレル製品の国産比率も、1990年の50・1%から2015年時点では3%台にまで落ち込んでいるという。

山田さんはこのアパレル工場の現状に強烈な危機感を抱き、アパレル工場が工場のブランドで製品を製造・販売する仕組みを立ち上げた。それが「ファクトリエ」だ。

「ファクトリエ」のビジネスモデルは、従来の業界構造と比べてきわめてシンプルだ。製造・流通・販売に介在する中間業者をすべて除外し、アパレル工場と「ファクトリエ」の二者だけで商流を成立させる。製造と出荷は工場が手掛け、「ファクトリエ」は工場と利用者をつなぐ役割を果たす。「ファクトリエ」は工場の技術の高さやその成否がつくられるまでのストーリーを語って利用者を呼び込み、マーケティングと広告の役割を果たすとともに、サイトで決済機能を引き受ける。

このとき重要なのが、製品の値づけを工場に委ねることだ。「ファクトリエ」が希望する価格にあわせて、製造コストの圧縮を迫るようなことはしない。工場が工場としての規模や技術を維持できるように適正な値づけをしてもらう。「ファクトリエ」では、工場から提示された価格を2倍にし、そこからサイトの運営費用や新たな工場を開拓する費用に充てる。

この仕組みは、工場にとってプラスに働くだけでなく、利用者にとっても大きなメリットがある。工場が6000円でつくるシャツは、一流ブランドのタグをつければ3万円になるが、同じ品質のものを工場のブランドで売ることで1万2000円に抑えることができる。

利用者はいいものを安く手にすることができるようになり、工場は適正利益を得ながら工場のブランドを築いていくことができる。それが、「ファクトリエ」が世の中にもたらしている価値だ。

世界的ブランドをつくる「ものづくり」の力——起業家の熱き「原体験」②

山田さんはなぜ、アパレル工場の状況に強い危機感を抱き、新たなビジネスモデルを構築することができたのか——。

そこに、山田さんの「原体験」がある。

山田さんは1982年、熊本市内の老舗婦人服店で生まれた。店の創業は1917年、上質な日本製の衣服を数多く取り揃え、長く地元で愛されてきた歴史がある。そのため、ファッションは常に山田さんの身近にあった。両親が丁寧に扱う質のいいメイド・イン・ジャパンの製品に囲まれて育ったことが、山田さんにとっての最初の「原体験」だ。こうした環境で、山田さんは、いずれアパレル業界で働くことを自然と望むようになる。

「グッチのようなブランドをつくる」という強い信念を持つきっかけは、山田さんが20歳のときに1年間留学したフランス・パリにある。グッチの店舗でインターンとして働く機会に恵まれたのだ。

インターンを始めるまでは、「日本人観光客相手の通訳として重宝されるだろう」と考えていた。ところが与えられた仕事は、来店客の顔を見ることすらできない地下の倉庫での在庫整理だった。1か月間、文字通り陽の目を見ない場所で懸命に働き、その仕事ぶりが認められて店内の免税手続き係に昇格、最後は当初思い描いていた販売員の仕事も経験する。

その間、山田さんは、グッチで働くスタッフたちとの交流を通じ、「ブランドとは何か」を深く考えるようになった。グッチの製品をつくる職人たちも、店を切り盛りする店舗スタッフたちも、みな自社のブランドに誇りを持っている。そしてその誇りの源は、徹底したものづくりへのこだわりにあることを知る。

腕の立つ職人が丹念に何十時間もかけて製品をつくり上げる。販売後に壊れたら、つくった職人のところに製品が戻ってきてそれを修理して顧客に届ける。そこまでの一連のサービスをパッケージした最高水準のものづくりが、ブランドの名声を確立してきたのだ。

ブランドの原点たるものづくりへの、彼らの信頼を象徴するのが、山田さんがグッチで働く間に耳にした次のような言葉だ。

「グッチもエルメスも、今は世界的ファッションブランドになっているが、元は高品質の製品をつくる工房や工場に原点がある。今のように売れなくなっても、自分たちには立ち戻る場所がある」

「日本のアパレルは、マーケティングはうまいけど、ものづくりを支える〈根っこ〉がないよね。だから、日本には本当のブランドが生まれないんじゃないかな」

こうした体験や言葉に衝撃を受け、「一流ブランドはものづくりからしか生まれない」と考えるようになった。そして、いつか「グッチのようなブランドをつくる」ことをグッチで働く人々と約束し、日本に帰国することになる。これが、山田さんの第二の「原体験」だ。

危機感が育んだ膨大な「熱量」

――起業家の熱き「原体験」③

パリから帰国後、大学を卒業した山田さんは、事業のイロハを学ぶために、ソフトバンクの子会社に就職してネットビジネスを学ぶ。20代後半になってアパレル業界での経験を積むべく、「東京ガールズコレクション」の公式通販サイトである「ファッションウォーカー」の運営会社で働きはじめる。だが、20代後半でアパレル未経験の山田さんに正社員の籍は用意されず、就いた職は月給12万円の倉庫整理のバイトだった。

そこからが山田さんの真骨頂と言えるかもしれない。その間、同社の経営幹部にいくつもの企画書を出しつづけ、企画力が認められて正社員として大きな仕事を任されるようになる。

「ファクトリエ」を立ち上げる直接のきっかけは、２００9年ごろ、グッチで働いていたときのスタッフと、フェイスブックを通じて交流が再開したことにある。

「ブランドはできたか？」

そのメッセージが、山田さんを、日本にアパレルブランドをつくるための行動へと駆り立てる。ビジネスモデルを組み立てるため、日本のアパレル業界の現状を調べると、先ほど述べたように、日本のアパレル工場の数が激減していることを知る。

このままでは、自分が幼少期から慣れ親しんだ上質なアパレル製品を、日本でつくることができなくなってしまうのではないか――。

日本にブランドをつくるのであれば、〈今〉やらないと間にあわなくなる。このまま工場がなくなっていくと、日本から高い技術が消えて失われてしまう。ものづくりに根ざしたブランドづくりを〈今〉始めなければ、自分のミッションを永遠に実現できなくなってしまう。そういう危機感から、山田さんは「ファクトリエ」のビジネス構築に奔走する。

2012年の創業当初、1年で日本中の200以上のアパレル工場を訪ねてまわった。移動手段は夜行バスだ。2016年時点で訪ねた工場の数は500を超えるという。そこまでの行動に駆り立てる「熱量」の大きさが、山田さんの大きな魅力だ。

ちなみに、それだけの数をまわったにもかかわらず、「ファクトリエ」と提携する工場はわずか30にすぎない。山田さんの徹底したものづくりへのこだわりの強さが窺《うかが》える。「ファクトリー」と「アトリエ」を足しあわせた「ファクトリエ」というネーミングは伊達ではない。

そのこだわりと、ミッションに織り込まれたストーリーが多くの利用者の共感を呼び、事業は急成長のまっただ中にある。好影響は、アパレル工場にも波及している。提携工場の半数が、約10年ぶりに2人以上の採用を行ったという。

数字では直接見えにくい効果も大きい。「ファクトリエ」は、つくり手の人となりや、その工場で製品がつくられるまでの工程・ストーリーを、ウェブサイトの記事や写真、動画で丁寧に紹介する。さらには、つくり手と利用者をつなぐ「工場見学ツアー」を企画すれば、定員の倍以上の応募があるほどだ。利用者の喜ぶ顔を見て、つくり手たちはモチベーションを大いに高めているという。

山田さんのミッションのストーリーは、「My―Our―Now」のお手本といえる。

山田さん個人の「原体験」は、聞く人に起業への本気度を感じさせる（My Story）。また、日本のアパレル業界全体が直面する危機的な状況は、業界関係者のみならず、ファッションを愛するすべての人に、「なんとかしなければ」という思いを抱かせる（Our Story）。そして、すさまじい勢いでアパレル業界が萎《しぼ》みつつあるという事実が、〈今〉取り組まなければ手遅れになるという切迫感をも抱かせる（Now）。

ここまで共感を呼ぶストーリーと、山田さんの膨大な「熱量」が、「ファクトリエ」の爆発的な成長を支える要因の1つになっているのだろう。

「視点」を高めて「見える世界」を変える

本章前半、自分の「原体験」を探るところで、強烈な「原体験」がなくとも、自分のミッションを定めて「熱量」を高めていくコツのようなものがあるということを紹介した。そのコツというのがまさに、「Ｍｙ Ｓｔｏｒｙ」を「Ｏｕｒ Ｓｔｏｒｙ」につなげていくために必要な、**自分の「視点」を高めていくこと**だ。

その格好の例を、ここで簡単に紹介しておきたい。

僕の母校の慶應義塾大学は、世間のイメージと違わずに、お金持ちの子息の学生が、けっこうな割合で存在する。僕が今の仕事をするようになり、学生時代の友人たちと「原体験」やミッションの話をする機会があったときは、みな最初はどうもピンと来ていなかった。それもそのはず、大人になるまで生活でそこまで大きな苦労をした経験がない人がほとんどだからだ。大学から慶應に入学した人ならせいぜい受験がいちばんの苦労で、幼稚舎（小学校）から慶應育ちの人は、幼稚舎に入る苦労はあったのかもしれないけれど、もはや幼すぎて覚えていないようだった。

図1-5　目線を上げるとミッションは見つかる

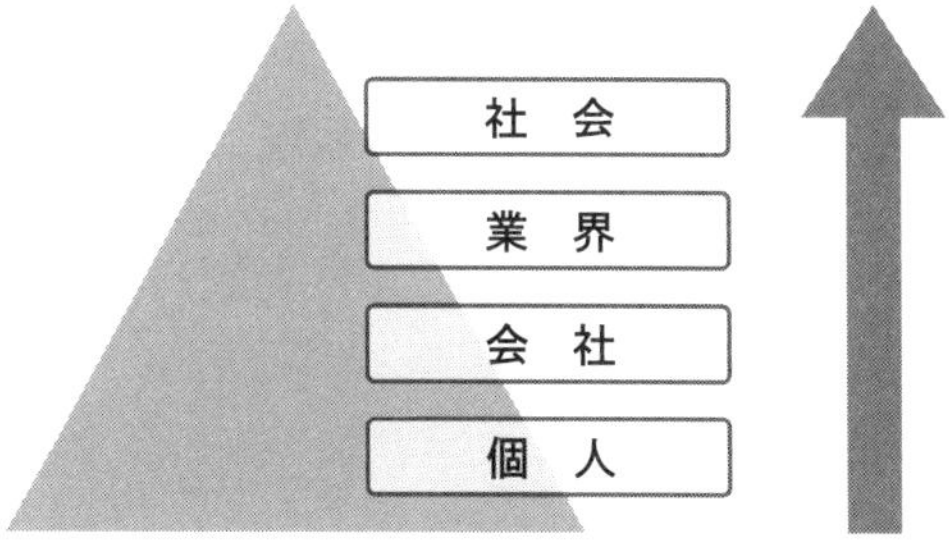

個人の目線からより高次元に目線を高めて考えることがポイント

それでも今では、友人たちはみなそれぞれのミッションを見つけ、「熱量」高く熱い会話を交わすようになった。ＬＩＮＥのグループで、知らない人が見たら暑苦しいと思うメッセージが飛び交うほどになっている。

僕が友人たちに伝えたのは、「視点」の重要性だ。

自分の出世や給料にしか関心を持たずにいると、「視点」はどこまでも「個人」のままだ。それが、営業部や支店、あるいは会社全体や業界全体を意識するだけで「視点」は簡単に上がる。そうすると、部署や社内で一目置かれるようになるんじゃないか。大雑把にそんな話をした。もともと会社のことが好きで、業界最大手をなんとか倒したいという思いを持ったある友人は、今では部門や支店の人たちを巻き込み、競合との戦いに勝つことに情熱を燃やしている。

この例が示すように、強烈な「原体験」がなくとも、ミッションを歩む人生を諦める必要はない。**「視点」を高めるだけで見える世界が変わり、そこで自分のミッションを見つけられる可能性もある。**

ミッションは、何も社会全体に関わることでなくてもいい。会社のため、地域のため、家族のため。自分が納得できてがんばれるテーマが見つかれば、それだけで人生の毎日の充実度が変わってくる。だからこそ僕は、多くの人に、ミッションを生きる人生の喜びを味わってほしいと思うのだ。

第1章　ミッションを定める

ま　と　め

◆ミッションとは、自分の人生で「登るべき山」のことである

◆ミッションを探す3つのステップ

①「感情曲線」でこれまでの自分の人生を振り返り、「原体験」を見出す。「原体験」は、「感情曲線」の〈山〉か〈谷〉にある

②「原体験」から見えた自分の「価値観」を2つのキーワードで表現する

③「原体験」と「価値観」から「登るべき山」を見つける

◆ミッションを見つけ、育てるためのポイント

○「誰の笑顔を見たいのか」を考える

○ミッションは「仮決め」でいい

○「個人→会社→業界→社会」と視点を高めていくと見つかりやすい

○「My - Our - Now」のフレームワークで共感性のあるストーリーをつくる

○自分のミッション、そしてストーリーを100人に語る

第2章

マインドを磨く

自分の人生を本気で生きる「覚悟」を決める

始まりはいつも〈谷〉から――「Jカーブ」を乗り切る覚悟を持つ

「感情曲線」を使って自分の「原体験」と「価値観」を見つめ直し、人生を賭けて臨むミッションを定める。前章では、その方法を紹介してきた。自らのミッション、すなわち「登るべき山」が定まったら、後はその山を登り切るため行動に移すのみだ。

だがその前に、心に留めておいてほしいことがある。

自分のミッションを歩む人生は、他の誰にも代替されない自分だけの人生になる。それが形になっていくのを見るのは、何にも代え難い喜びだが、その喜びを味わうには少なからぬ苦労も伴う。それを受け止め、ときには受け流し、乗り越えていく覚悟や心構えがなければ、自分のミッションを歩みつづけることは難しい。ミッション志向の人生は、その覚悟の上に成り立っている。

そのための覚悟や心構えを、この本では「マインド」と呼びたい。言葉を換えればメンタルタフネスのことだ。本章では、自分のミッションを歩むにあたり、なぜ「マインド」の強さが必要になるのか、「マインド」はどうすれば磨くことができるのか、そうしたこ

図2-1　Jカーブ

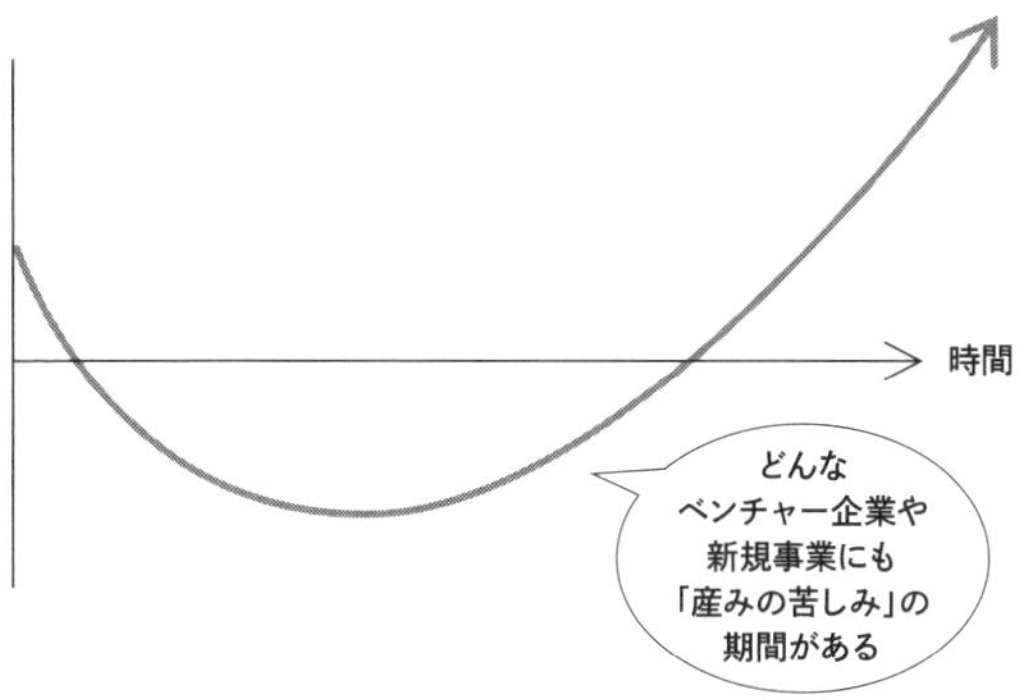
時間
どんな
ベンチャー企業や
新規事業にも
「産みの苦しみ」の
期間がある

とを紹介していきたい。

ベンチャービジネスの世界では、「Jカーブ」という言葉が知られている。立ち上げた事業がすぐに売り上げや利益につながるのはきわめて稀で、しばらくは耐え忍ぶ時期が続く。その時期を凌ぎ、浮上のきっかけをつかむことができたベンチャーだけが、その後大きく成長していくスタートラインに立てる。「産みの苦しみ」という言葉があるように、新たな事業を始めるには、乗り越えるべき壁（というよりもむしろ谷）がある。それが、ベンチャーが生き残れるかどうかの最初の関門だ。

自分のミッションを歩む人生は、新規事業を立ち上げることに似ている。少なくとも当人にとっては初めてのことに挑むわけだし、それが世の中に存在しないことであれば、社会全体にとってイノベーティブな新規事業に挑戦することになる。

そう考えると、ミッションを新たに歩みはじめた人は、「Jカーブ」の落ち込みに直面すると思っておいたほうがいい。ミッションが最初からうまくいくケースはきわめて稀だ。

その覚悟があれば、実際に困難に直面したときも、必要以上に慌てふためくことがない。言うなれば、苦しみを覚悟しておくことが、苦しみを乗り越える最初のカギとなる。

それが、強い「マインド」を持つことにもつながっていく。

なお、「Jカーブ」の谷を越え、事業を軌道に乗せる起業家（社内で新規事業を立ち上げる「社内起業家」を含む）は、ほぼ共通して**3つの資質**を備えている。**1つが本章で触れる「マインド」であり、残る2つが「経営スキル」と「ネットワーク」**だ。

起業家に求められる「マインド」とは、いわば、自分が本気で事業に取り組んでいることを言葉と背中で示すことだ。「経営スキル」とは、端的に言うと「ビジネスモデル」を組み立てて遂行する力のこと。そして「ネットワーク」とは、組織内外の人とのつながり、すなわち人脈の豊かさを指す。

「マインド」と「経営スキル」と「ネットワーク」、この3つの資質は、この順番で身に

図2-2　原体験から一生を賭ける仕事への道

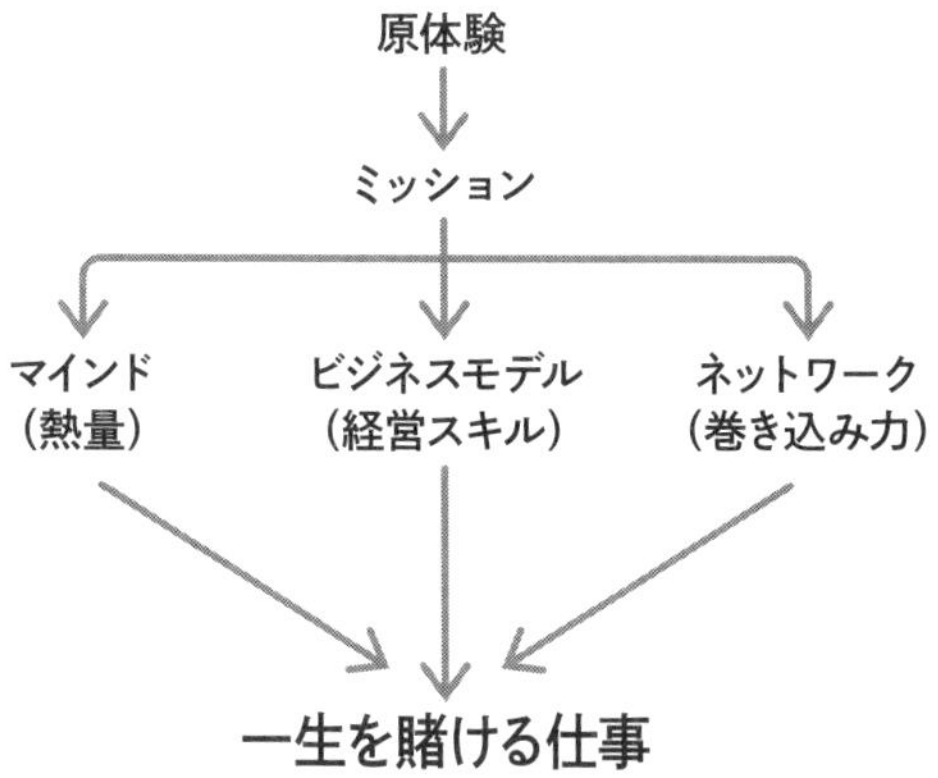

つけていくべき、ということではない。3つの資質の習得が同時並行で進むこともあるだろうし、何か1つを身につけてから、1つずつ順に習得していく場合もあるだろう。

自分のミッションを仕事にし、さらに事業として育てていくには、起業家のように、これら3つの資質を身につけるのが望ましい。たしかに、これらの資質を先天的に備えている人もいる。だが、重要なのは、日々の訓練や意識づけによって、こうした資質を後天的に習得することができるということだ。「マインド」については本章で、「経営スキル」と「ネットワーク」については、それぞれ第3章と第4章で紹介していきたい。

新しい一歩には、必ず「Jカーブ」が存在する

「Jカーブ」の意識は、自分のミッションを大きな組織のなかで実現しようとする人にとってもきわめて重要だ。

大きな組織では、新規事業に取り組む人たちでも、「Jカーブ」について知る人が少ない。大きな組織を成り立たせるドル箱事業を抱えているがゆえに、新たに始める事業も、最初から右肩上がりで伸びていくものだという幻想を抱く人が多い。

そのため、**「Jカーブ」の谷に対する組織内の許容度は低い**のが普通だ。成果を出せずにいると、組織内の風当たりが一気に強くなる。おまけに、新しいことを始めようとする人へのやっかみや反感もそこかしこで生まれる。「Jカーブ」の谷は、そういう人たちにとって格好の攻撃材料になってしまう。大きな組織で新規事業を立ち上げようとする人にも、ベンチャー企業の創業者と同じような強靭な「マインド」が求められる。

大きな組織で自分のミッションの実現を目指すには、もう1つ押さえておきたいことが

ある。それは、「リターン」についての考え方だ。

組織のなかで新規事業を成功させても、地位や報酬面でのリターンを期待しすぎてはいけない。外形的に得られるリターンは、昇進が少し早くなったり、給料が同期と比べて少し多くなったりという程度だろう。

苦労するのはほぼ確実なのに、手にするものは限られている。はっきり言って、地位や報酬が目的なのであれば、わざわざやる意味を見出せない。それでも組織のなかでミッションに挑む明確な理由と、組織のしがらみのなかでも折れない「マインド」の強さの両方が必要になってくる。

ちなみに僕が、トーマツという大きな組織のなかで自分のミッションに挑んでいるのは、**大きな組織のサポートを受けて、ミッションを大きく育てたい**と考えたからだ。

大きな組織には、ゼロから事業を立ち上げたのでは簡単に手にすることのできない有形無形の資産がある。確立されたブランドやスケールメリット、部門をまたぐシナジー効果などがいい例だ。それらを使わせてもらうことで、ベンチャー企業を支える仕組みや意識を社会に広めていきたいと考えている。

ついでにもう1つ補足しておきたい。自分のミッションを大きな組織のなかで実践するか、自分が起業家となって事業を立ち上げるか、それぞれに難しさがあるし、事業の性質やその人自身の性格や志向性によって向き不向きが変わることもありうる。それについては章をあらため、第5章で詳しく見ていきたい。

ミッションが「事業」に育つまで——TVS、再始動

実際の「Jカーブ」がどのようなものか、ここからしばらくの間、僕の実体験をもとに紹介しておきたい。

ベンチャー支援の活動を始めた当初、僕は手弁当でベンチャー企業の経営者たちを訪ね歩いていた。すなわち、僕の活動はあくまで自発的な活動でしかなかった。それでもただただ自分のミッションを実現したい一心で、平日の夜や週末を使って起業家たちに面会を申し込んでいた（このとき僕が、どのようにしてベンチャー企業との「ネットワーク」を広げてきたかは、第4章で詳しく触れる）。

2009年ごろには、ベンチャー企業の経営者をはじめ、大企業の幹部クラスやメディ

アの記者たちとの「ネットワーク」が徐々に大きく育ちはじめていた。その「ネットワーク」を活用し、ベンチャー企業を大企業やメディアとつなぐ活動が、ベンチャー企業と大企業、メディアからも共感してもらえるようになっていた。

ベンチャー企業は、大企業とのつながりを通じて事業をスケールさせたり信用を補完したりすることができるし、大企業は、ベンチャー企業と組むことで社内の新規事業を推進することができる。そして、メディアは世の中の新たな動きを伝えられるようになる。

その時点で、僕は自分のミッションを事業に組み立てていくことに一定の手応えを感じていた。正直な話をすると、僕にも組織を離れて独立するという選択肢もあった。にもかかわらず、監査法人という公認会計士が集まる組織のなかで、ベンチャー企業の経営全般を支援する新規事業の立ち上げに挑んだのは、やはり組織のサポートを受けて自分のミッションを大きくスケールさせることに可能性を感じたからだ。

僕が自分のミッションに基いた活動を、組織公認の事業として取り組めるようになるのは、２００６年12月にトーマツに入ってから4年近く経ってからのことだ。２０１０年10月、ベンチャー企業の経営全般を支援する「トーマツベンチャーサポート（略称ＴＶＳ）」というグループ会社が立ち上がり（正確には休眠していた会社が復活して）、僕個人のミッションは、ようやく組織のミッションと一致するようになった。

「ＴＶＳ」の立ち上げ（再始動）は、２０１０年秋に、トーマツの経営陣刷新のタイミングで動きはじめた。

このとき、業務外の活動で時に本業に迷惑をかけていたにもかかわらず、なぜ僕に声がかけられたのか。それは、ＴＶＳの社長に就任した吉村孝郎さんが、それまで僕が業務外で行っていた「ベンチャー支援」活動を応援してくれていたからにほかならない。組織のなかで浮いていた僕を抜擢してくれた吉村さんは、僕にとって恩師の１人だ。

順風満帆に見えるかもしれないが、実はＴＶＳの再始動後も、「Ｊカーブ」の谷はしばらく続いた。いやむしろ、僕がＴＶＳの一員としてベンチャー支援を手掛けるようになってから、「Ｊカーブ」の谷は一段と深まっていく。

その１つの理由は、業務の内訳にあった。ＴＶＳが立ち上がり、ベンチャー支援が組織の事業として認められるようになったからといっても、これまで通り監査業務をきちんとこなしたうえでＴＶＳの仕事をする、という条件だったからだ。

第０章でも触れたように、監査法人に勤める公認会計士の主たる業務は、企業の財務書類の監査をすることだ。法人としては、監査以外にも、株式公開支援や、監査の専門性を活かしたリスクやガバナンス面を支援するアドバイザリー業務を行う。一方でＴＶＳの業務は、監査はもちろん、その周辺業務を含む監査法人としての業務から外れた事業であり、すぐにそれをメイン業務で取り組むことが認められないのは当然と言えば当然だった。今、事業をマネジメントする立場になると、なおさらそれは理解できる。

そんななか、ＴＶＳの業務に若手の会計士である僕が携わることが認められた。与えられた監査業務をきちんとこなすという大前提があるにせよ、認められたこと自体、画期的なことだった。

断っておきたいのだが、トーマツには、元来、新しいことにチャレンジしたいと手を挙げた人を応援する文化が根づいている。ＴＶＳ承認の判断はそうした背景があってこそ、と言える。しかしそれでも、監査部門のスタッフは、まずは監査業務を習得することが基本であり、自分なりの領域を開拓していくのは早くてもマネジャークラスからが妥当なところだ。だからこそ、当時まだスタッフだった僕が、ＴＶＳを業務として行うことを認められたこと、それ自体が大きな前進だったのだ。

だが、僕が越えなければならない壁はまだ続くことになる。

本業と新規事業の板挟みに

僕の働き方は、ＴＶＳの一員になってからも特段変わることはなかった。

基本的に日中は監査業務を行い、平日夜と週末にベンチャー支援業務を行う。それでもときには、ベンチャー支援業務のアポが、平日の日中に入ることもあった。経営者やＴＶＳの上司のスケジュールの関係上、その時間帯でしか予定を組めないこともあるからだ。

そういうときは、一緒に監査業務に取り組むチームの先輩方に、仕事を抜けることを認めてもらう必要があった。

「あの、これからちょっと、ベンチャー支援のほうでアポがありまして、数時間ほど抜けさせていただきたいんですけど……」

と僕が切り出しても、監査業務を途中で抜けることは、もちろんあまり理解されない。監査チームにはやるべきことが山積みだし、みんな手一杯で働いているのは誰の目にも明らかだったからだ。それでもアポの時間は刻一刻と迫り来るわけで、最後は平謝りで中抜けすることをしぶしぶ認めてもらうよりほかなかった。

こうなると、平日夜と週末の時間をうまく有効活用するしかないのだけれど、夜は夜で、本業の監査とＴＶＳの業務につながる活動で、板挟みに遭うことが多かった。

そのころ僕は、社外に「ネットワーク」を広げるために、自分が会いたい人たちに声をかけて飲み会をよく主催していた。幹事を引き受けると、参加者たちと連絡をとることになり、人間関係が始まるきっかけになるからだ。

ところが、監査業務というのは夜の終わり時間を読みづらい。監査のチームはクライアント企業に訪問し、企業がつくった資料を監査するのだけれど、向こうから資料が出てこないと作業を進めたくても進められないことがある。

こちらは飲み会を主催している手前、欠席するわけにもいかない。一方で、目の前には「本業」の仕事が山積みで、チームの先輩たちが業務を続けている。そういう状況で、いちばん下っ端の僕が、「すいません、今日はどうしても……」と言い残して１人去って行くのは、なかなかに勇気のいることだった。

こういうことが幾度も重なり、僕には少なからず反感の目が向けられるようになっていった。面と向かって、「うちは監査法人なんだから、監査を主たる業務としてやらない人は辞めるべきだ」と言われたこともある。後になって、ほかにもさまざまな批判の声があったことを、ＴＶＳで一緒に働く後輩から聞かされた。それほど、僕に対する組織内の風当たりは強まっていた。

ちなみに、僕のもともとの所属は、ベンチャー企業のＩＰＯ（新規公開）支援や監査業務を受け持つ部門だ。そこには約２００人のスタッフがいて、そのうちＴＶＳでベンチャー支援業務を手掛けていた現場のスタッフは僕１人しかいない。そう考えれば、指摘はすべて当然のものばかりで、その当時の僕があまりにも周りの人たちの気持ちを汲み取れていなかったと言える。これほどまでに迷惑をかけていたにもかかわらず、ＴＶＳでの業務を続けられたことには、今では感謝しかない。

言葉にすれば同じ「ベンチャー」でも、その部署で引き受けるのは、上場を果たした、あるいは上場を控える「Ｊカーブ」を乗り越えた成長企業がメインだ。対して僕が支援していたのは、世の中にまだ知られていない、「Ｊカーブ」の谷を越えられるかどうかの段階にある企業だ。収益案件になるにはまだまだ時間のかかる企業の支援に多くの人から理解を得るのは、難しいことだった。

「君は会計士としての人生を捨てるつもりなのか？」

それでも僕は、めげずにベンチャー支援を続け、実際に支援先企業が大きく成長するなど、少しずつ結果を積み上げてきた。そうやって小さな成功を積み重ねると、環境も少しずつ改善されていった。

ＴＶＳ再始動から数か月後の２０１１年６月、勤務時間の半分を、ベンチャー支援業務に充てることが認められた。

その結果、自分のミッションのために使える時間が劇的に増えた。嬉しくてベンチャー支援のアポを次々と入れ、予定表を次々と埋めていく。ほぼ毎日、朝８時から２時間おきに夜６時まで、ランチの時間も夜の飲み会も、ぎっしり予定で埋まるほどだった。

しかし、ベンチャー支援業務の稼働がある程度認められるようになったことで、むしろ監査チームには迷惑をかけることが増えてしまった。というのも、監査から抜ける頻度が高くなってしまったからだ。

当たり前の話だが、自分のチームから人が抜けることを快諾する現場のリーダーは少ない。そのたびに、僕は監査業務とベンチャー支援の板挟みに苦しめられた。

1つ補足しておくと、僕としても、同じチームの人にいたずらに迷惑をかけようとしていたわけではない。定められた稼働率の範囲で、監査業務には全力で取り組んだし、人として本質的なところで毛嫌いされることがないように気をつけた。

また、僕自身がベンチャー支援をしたくてたまらないという雰囲気を、極力出さないように心がけていた。僕だけが、自分がやりたいことのために周りに負担をかけているとなると、どうしても角が立ってしまう。そこで、「やらされ感」まではいかないにせよ、「上司からの指示で、ベンチャー支援業務に携わることになりました」と、「僕自身としてもいかんともしがたい」雰囲気を出すようにしていた。

だがそのために、チームの先輩のなかには、僕を憐れむように見る人もいた。

会計士にとっての本丸の仕事は、やはり監査業務だ。ほとんどの会計士が、監査業務をやりたくて監査法人に入る。監査業務こそ、会計士の花形なのだ。その会計士としての本分を奪われて、成長するかどうかもわからないベンチャー企業の相手をさせられる羽目になった若手の会計士が自分の目の前にいる。人によっては憐れみを超え、「君は（上司に）騙されてるんじゃないの？」、「あんなに難しい試験に受かったのに、会計士としての人生を捨てるつもりなのか？」と、怪訝そうに問いただす人もいた。

仲間が増えた喜び、そしてふとこみ上げた「悔し涙」

風向きが少し変わりはじめたのは、TVSの実働メンバーが増えてきた2012年中ごろのことだ。小さな実績の積み重ねの結果、僕はTVS専業になることが認められ、TVSに、僕以外のメンバーが1人、また1人と増えてきた。

チームが3人、4人、5人と増えてきたことで、たしかな変化があった。1人だと大きな組織のなかで完全に「変人」扱いされていたものが、仲間ができたことで、大きな組織のなかに新たな「文化」が少しずつ芽生えはじめた。

さらに、僕は自分自身でベンチャー企業をまわるのに加え、チームメンバーのマネジメントも任されるようになった。忙しさのなかにも、自分のミッションが少しずついろいろな人を巻き込み、大きく育っている実感を得られるようになっていた。同年秋には僕の取り組みが日本経済新聞にも紹介され、社内での理解者も少しずつ増えてきた。

ただ、新たに増えたメンバーのＴＶＳでの稼働率は、しばらくの間、勤務時間の一部に限られていた。僕自身は、本業の監査とベンチャー支援業務の板挟みから解放され、思う存分、自分のミッションに時間を使えるようになったものの、同じ板挟みに苦しむ数人のメンバーを、チームのなかに抱えるようになった。

何度も言うように、監査法人の本業は監査業務である。監査法人でエースと呼ばれる人は、誰もが知る上場企業の監査を担うのが常だ。そういう文化のなかで、本流ではないベンチャー支援事業を手掛けるメンバーは、そう簡単に集まらない。

だが、何人、何十人に振られようと、僕はベンチャー支援の面白さを語りつづけていった。

「これからはキャリア志向ではなく、ミッション志向で仕事を考えるべきだ」

それが僕の口説き文句だった。

彼ら彼女らからすれば、ベンチャー支援という新たなフィールドに勇気を持って踏み出したわけだ。僕からすればとてもありがたいことに、彼ら彼女らは、そこに自分なりのミッションを見つけ、「熱量」高くＴＶＳの仕事に取り組んでくれた。だがその分、当初の想定業務割合を超え、ＴＶＳの業務に入れ込んでしまうこともしばしばだった。それが理由で、彼らが属する監査の現場リーダーたちにまたしても迷惑をかけてしまうことになった。

「君のチームの○○くんは、監査業務から抜ける時間が長すぎるよ」

「ベンチャー支援がどれだけ楽しいのか知らないけれど、監査が辛くて苦しくてたまらないみたいな雰囲気で仕事をされるのは困る。周りのスタッフのモチベーションに与える悪影響が大きい。君たちがやりたいことをやるのも結構だけれど、周りのことも考えてくれないか」

そんな真っ当な指摘を面と向かって言われたことも、一度や二度ではなかった。

今でも忘れない。

僕が精神的な限界に達したのは2013年春ごろのことだ。現場のリーダー総勢40～50人が集まる会議に僕も呼ばれ、TVSについて説明を行った。その会議の場で、TVSメンバーが監査業務の遂行に支障を及ぼしているという声があがった。

指摘されていることは、理屈としてはもっともだ。一方で僕としては、単に自分のミッションのためというだけではなく、将来的には会社のためになると思ってTVSのベンチャー支援業務に取り組んでいるという自負があった。そのため、僕は内心強く傷ついてしまい、ただじっと耐えるしかなかった――。

するると突然、それまで張り詰めていた感情の箍《たが》が外れた。自分が必死で取り組んでいる事業がまったく理解されない悔しさと、TVSのメンバーをうまくマネジメントできない自分への情けなさと、さまざまな感情が入り混じり、僕は会議の場で、人目を憚《はばか》る余裕もなく涙をこぼした。

「Jカーブ」を乗り切った「熱量」、その2つの源

「なんであんなに苦しんでいたのに辞めなかったんですか?」

今では、当時を知る親しい後輩たちから、笑い話のようにそう聞かれることがある。

ベンチャー支援に携わるTVSのメンバーには、ベンチャービジネスでは常識の「Jカーブ」のことを伝えている。その話に引き寄せて、僕のミッションも「Jカーブ」の谷を経験しただけだと説明しても、いつも「先輩の場合はそれにしても沈みすぎでしたよ」と笑って返される。

後輩たち曰く、そのときの僕を思い出すとがんばれるのだという。

図2-3　僕が経験したJカーブと浮上のきっかけ

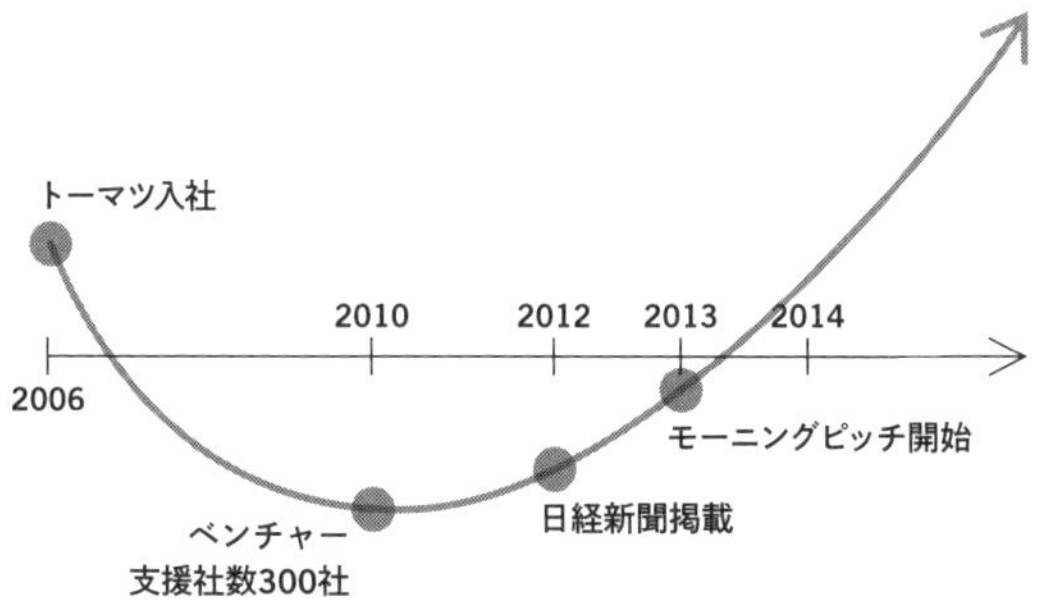

そんなふうに言われると、自分のミッションに挑みつづけて本当によかったと思えてくる。

それにしても、なぜ僕はあれだけ苦しい状況でも、自分のミッションを歩みつづけることができたのだろうか――。

その理由は、大きく2つ、考えられる。

1つは、僕のミッションの根っこにある、「原体験」の〈谷〉の深さだ。中学生のころ、父の独立・起業に伴って味わった肩身の狭い窮屈な思い。そして高校1年生のとき、公認会計士になって「経営者の参謀」として生きることを目指して以降の、公認会計士試験に受かるまでの長く苦しい受験勉強の日々。このとき、この苦行のような時間を耐えられたのなら、この後の人生、どんな困難も乗り越えられるという自信を得られたことが大きかった。

その自信を糧に、自分のミッションに突き進む覚悟を持てたことが、僕の「Jカーブ」を乗り越える「熱量」の源泉になった。自分のミッションが事業につながるまでの4年間と、ミッションが事業になってからの6年間に起きた苦労は、若いころの僕が味わった「原体験」の〈谷〉の深さに比べれば、大したことではないとさえ思える。

この本を書いている2016年半ばの時点で、TVSでは100人を超えるメンバーが活動している。そのわずか3年ほど前、2013年の春ごろは、まだ数人しかいなかった。それだけ小さかったチームが、今や東京だけで50人を超え、日本各地のトーマツのオフィスや、海外の米国シリコンバレーに駐在員を派遣し、イスラエルやシンガポールに協力メンバーを抱えるようになった。自分の想像をはるかに超える急成長だ。

だが、**「熱量」というのは無尽蔵にこんこんと湧きつづけるわけではない**。苦しい現実に直面してばかりだと、「熱量」もいつかは枯れ果ててしまう。「熱量」を保つには、暖炉の火を絶やさぬよう薪をくべるのと同じく、燃料を注ぎつづけなければならない。僕の場合、その1つの方法が、同じように「熱量」の高い人と会うことだ。

その意味では、「ネットワーク」や「チーム」の存在が大きかった。ベンチャー支援事業を通じて、数多くの起業家たちと交流し、TVSに同じミッションを目指す仲間が増えていった。彼ら彼女らと「熱量」を分かちあえたことが、ときおり勢いの弱まりかけた僕の心の炎を再び大きくしてくれた。

それが、僕がミッションを歩みつづけることができたもう1つの理由だ。

「燃え尽き症候群」にならないために

強い「マインド」を支えるのは、ミッションへの強い思いだ。それが大きな「熱量」を生み、困難を乗り越える原動力になる。

ただ問題は、どれだけ大きな「熱量」とて、無尽蔵ではないことだ。どんなに強い「原体験」を持つ人でも、来る日も来る日も辛い目に遭っていたら、次第に「熱量」は枯れていく。そのままだと、自分では懸命にがんばっているつもりでも、いつしか心の火種が弱まり、「燃え尽き症候群」になってしまう。

自分のミッションを歩みつづけていくために、「熱量」を高いレベルで維持することはきわめて重要だ。それにはまず、そもそも「熱量」が下がらないよう、日々の行動で工夫できることがある。とはいえ、どれだけ日々の行動に気をつけたところで、心が折れかかるときはやはりある。そういうときのために、自分の熱い気持ちを呼び起こす「**リバイバルプラン（再生計画）**」も持っておきたい。

「リバイバルプラン」は、「Jカーブ」の谷を乗り越えるのに欠かせないのはもちろんのこと、そこを抜けた後でも必要になってくる。ミッションが共感を呼び、ミッションに関わる人が増えて事業が大きく育ってくると、それに伴い喜びも増していくが、それと同時に、思わぬ問題に遭遇し、心を磨《す》り減らす機会も増えるからだ。

特に、大きな組織と関わりながら、自分のミッションを遂行しようとする人は、注意しておいたほうがよいことがある（大きな組織のなかで自分のミッションを実現しようとする人、ベンチャー企業で大きな組織と取引や提携関係を築こうとする人の両方を含む）。

それは、大きな組織になればなるほど、こちらの「熱量」を下げる人たちが増える傾向にあることだ。そういう環境にいると、自分でも気づかないうちに「熱量」が下がっていくのは避けられない。「熱量」をいかに確保するかは、大きな組織と関わりのある人ほど重要なポイントになってくる。

では何をすれば、「熱量」を保ち、自分をリバイバルさせることができるのか――。

ここでは、僕が実践してきたなかで間違いなく効果がある3つの方法を紹介したい。**「自分のミッションを語りつづけること」**、**「会う人をコントロールすること」**、そして**「本を読み、講演会に行くこと」**の3つだ。以下、それぞれ順に見ていこう。

「熱量」の保ち方①——ミッションを語りつづける

「熱量」を保つのに、僕がまずお勧めしたいのが、自分のミッションを語りつづけることだ。

自分がやろうとしていることは何なのか。なぜ自分はこのミッションに取り組むのか。そうしたことを繰り返し繰り返し、ストーリーにして誰かに話すことで、自分のミッションを自分で再確認することができる。人は得てして、易きに流されていくものだ。そうならないよう、根っこの部分を自分で確認しつづけることが重要だ。

自分のミッションを「誰かに話す」ことは、自分の仲間や応援団を増やしていくことにもつながる。新たに立ち上げた事業を育てられるかどうかは、一緒に事業に取り組んでくれる仲間や、事業を応援してくれるファンを増やせるかどうかにかかっている。自分のミッションを理解し、支えてくれる仲間やファンの存在は、大きな自信につながり、精神の安定をもたらしてくれる。

自分のミッションを再確認するには、「誰かに」ではなく「自分に」ミッションを語り聞かせる自己暗示という方法もある。

僕が辛く苦しい公認会計士試験の浪人生活を乗り切ることができたのも、自分のミッションを手帳に書き記し、朝晩欠かさず復唱するようにしていたからだ。「公認会計士になり、経営者の参謀として、新たな事業に挑戦する起業家の力になりたい」と、日に2回唱えていた。だからこそ、ミッションが潜在意識にまで入り込み、苦行のような日々を乗り切る原動力になった。

やはり浪人時代、強く心がけていたことがもう1つある。それは、ふとした瞬間の独り言でも、ネガティブなことを口走らないようにすることだ。試験勉強が思うように進まないとき、事業の障害になる人が現れたとき、ふと「辛い」とか「もうダメだ」と口にしてしまいがちだが、そういうときは、一呼吸置いて我が身を振り返る。そして、「よし、がんばるぞ」とか「やればできる」など、ポジティブな言葉に置き換えて口に出すことで、メンタルの状態は明らかに変わってくる。

この2つの方法は、いずれもさまざまなビジネス書でよく紹介されている鉄板中の鉄板の成功法則だ。この方法が、気持ちが滅入りかけたときに自分の「熱量」を取り戻すたしかな「スイッチ」になる。安っぽい精神論と思われるかもしれないが、騙されたと思ってぜひ実践してみてほしい。

「熱量」の保ち方②——会う人のコントロール

2つ目は、「誰と」会うか、つまり**会う人のコントロール**だ。人に会って話すことともやや重なるけれど、「熱量」を保つカギを握っていると言える。

先ほども触れたように、特に大きな組織になればなるほど、「熱量」を下げる人たちが増える傾向にある。そういう人たちとばかり接していると、知らず知らずのうちに自分の「熱量」が下がってしまう。理想は、「熱量」を下げる人とは極力接しないようにすることだが、環境によってはそれが難しい場合もあるだろう。そういうときは、大きな「熱量」

を持った人と意識的に会うようにして、下がりかけた自分の「熱量」を再び高めていきたい。

TVSがスタートし、「Jカーブ」の谷を歩んでいたとき、弱まりかけた僕の「熱量」を再び大きくしてくれたのは、ベンチャー経営者たちの存在だった。彼ら彼女らが厳しい境遇をものともせず、自分のミッションに挑んでいる姿を見ると、今でも勇気づけられる。

たしかに辛い状況だったが、僕は組織に守られてもいる。一方、起業家のなかには、家族を抱え、何億円もの借り入れをして事業に取り組んでいる人たちも少なくない。自分がいかに恵まれているかを思い知り、この程度のことでへこたれている場合ではないと、心を奮い立ててきた。ベンチャー支援で手を差し伸べるはずが、経営者たちから逆に勇気をもらっている、というのが現状だ。

TVS専業になることが認められ、自分の時間をすべて自分のミッションのために使えるようになった今でも、最低でも週に5人は、自分の「熱量」を上げてくれる人と会うようにしている。

メンバーが増え、組織が大きくなってきたことで、自分1人ではたどり着けない領域までミッションが育ってきた喜びを、日々感じている。一方で、僕の手の届かないところで、思わぬトラブルが起こることも避けられなくなった。チームを運営するのはそういうことだと頭ではわかっていても、それが続くと、さすがに心が少しずつ磨り減り、「熱量」も下がってくる。

自分の「熱量」を高めてくれる人と定期的に会うのは、自分がそのまま燃え尽きてしまうことがないようにする、いわば「燃料補給」のためだ。

会いに行ける身近な人のなかに、「**メンター**」になる存在がいると心強い。

これまた公認会計士試験の浪人時代、それも、両親との約束だった3度目の試験に失敗した翌年、僕は予備校で「メンター」として背中を後押ししてくれる先生と出会うことができた。

「大丈夫、あと1年ですから」

「これをちゃんと勉強すれば絶対に受かりますよ」

そうした先生の言葉が、どれほど僕を勇気づけてくれたことか……。自信を失いかけたときや勉強法に迷ったときも、「メンター」の先生に相談に行くことで、もう一度がんばる気力を取り戻すことができた。

ちなみに、それまで僕がなぜ「メンター」と出会えていなかったかというと、試験に臨む「本気度」が足りていなかったからではないかと思う。それまでは人に頼らず、人とは群れず、自分の力で試験を突破することをよしとしていたけれど、母親の後押しでもう一度チャンスをもらい、今度ばかりは両親のためにも何がなんでも試験に受かろうと、打てる手をすべて打つと心に誓った。その本気度が先生にも伝わり、先生が僕の本気に応えて心の支えになってくれたのだと思う。**「誰が」自分の「熱量」を上げてくれる存在になるかは、こちらの本気度によって変わりうるのだ。**

人の「燃え方」の違いを見極める

「誰と」会うかをコントロールするにあたり、知っておくと便利な人の見分け方がある。人の心の燃え方にはいくつかのパターンがあるのだ。それを提唱されたのが、ジョンソン・エンド・ジョンソンなどで社長職を歴任してきた新将命《あたらしまさみ》さんだ。

新さんによると、**人の燃え方には次の5つのタイプがある**という（『経営の教科書』ダイヤモンド社より）。

1. 自燃型：自分で自分に火をつけて燃える
2. 可燃型：誰かから火をつけられると燃える
3. 不燃型：自ら燃えることもなく、人から火をつけられても燃えない
4. 消火型：人の火を消して回る
5. 点火型：人の心に火をつけ、動機づけを与える

1〜3は、その人自身の燃えやすさを、4と5は他人との関わりあいで、心の火の伝わりやすさや広がり方を示している。また、1〜3と4・5はそれぞれ独立した指標で、2種類を併せ持つこともありうる。実際に見かけることが多いのは、「自燃型かつ点火型（1と5）」、「不燃型かつ消火型（3と4）」の2つのパターンだ。

起業家や経営者、リーダーと呼ばれる人は、「自燃型かつ点火型」であることが多いという。実際、僕の実体験からも、自分でベンチャーを立ち上げる起業家には、自ら高温で燃え盛り、会う人会う人に火をつけていくタイプが多く見られる。その代表例は第1章で紹介した「ファクトリエ」の山田敏夫さんだ。山田さんは、200度ぐらいあって周りに火をつけていくタイプの経営者だ。

新さんの説明では、タイプごとの割合も示されている。大きな組織では、「自燃型」は

組織全体の5～10%、「可燃型」は80%以上、「不燃型」と「消火型」はそれぞれ1～2%程度、「点火型」は5%ぐらいの割合で存在するのだという。

このなかで厄介なのは、「不燃型」と「消火型」、特に困るのは、両方を兼ね備えた「不燃型かつ消火型」の人だ。「不燃型」の人にいくら自分のミッションを熱く語りかけたところで、その人の心に火を灯すのは難しい。ましてやその人が「消火型」でもあろうものなら、「そんなことできっこない」とか「うちの会社では無理だ」など、こちらの心の炎を消しにかかってくる。

できることなら、こういうタイプとは付き合わないようにするのが賢明だ。運悪くその人との接触が避けられない場合は（同じ部署にいるなど）、相手をそういう人だと割り切って、相手の反応にいちいち腹を立てたり落ち込んだりしないようにしたい。

「不燃型」と「消火型」、あるいは「不燃型かつ消火型」は、事業遂行の「壁」になる存在でもある。大きな組織で新規事業を立ち上げようとしているとき、あるいはベンチャー企業が大きな組織と関係を結ぼうとしているとき、自分が働きかけている相手が、「壁」になる存在ではないことを、十分に確かめるようにしたい。

膨大なエネルギーを注ぎ込めば、「壁」を乗り越え、あるいはぶち壊すこともできるかもしれないが、それはあまりに非効率だ。自分の「熱量」の無駄遣いにもつながりかねない。

大きな組織になればなるほど、意思決定のルートやアプローチは多様になる。相手が「壁」だとわかれば、そこを避けて別の道を探すだけで、容易に目的を達成できる可能性も十分にある。「壁」を突破するのに膨大なエネルギーを注ぎ込むのは、別の道を探し尽くしてからでも遅くはない。その場合でも、達成すべき目的が、膨大なエネルギーを注ぎ込むに値するものか、十分に見極めておくといいだろう。

人の心に「点火」するには、自分の「熱量」を保つのとほぼ同じ手が使える。すなわち、「(点火したい相手に)自分のミッションを語りつづける」、「熱量の大きな人に会わせる」、「本や講演会を勧める」という3つだ。

ただし、「点火」にも注意しておくべきことがある。人の心に「点火」ばかりしていると、自分の心の火種が少しずつ減っていく。僕もTVSでたくさんのメンバーを束ねていくことになって、そのことを痛感している。人の心に火をつけたはいいものの、自分が「燃え尽き症候群」になってては、ミッションを果たせなくなってしまう。

組織やチームのリーダーは、部下やチームのメンバーを鼓舞して士気を高めることが求められる。そのため、「点火型」の資質が求められることになるが、自分は「点火型」あるいは「自燃型かつ点火型」だと自負している人も、自分の「熱量」が減らないよう、自分なりの「熱量」の保ち方を確立しておくようにしたい。

「熱量」の保ち方③——本を読み、講演会に行く

「熱量」を保つ3つ目の方法は、自分が好きな本や尊敬する人の本を読んだり講演を聞きに行ったりすることだ。人に会うことのバリエーションと言うこともできる。身近に「熱量」の大きな人がいない場合は、これがいちばん現実的で確実な「熱量」を保つ方法になる。

どういう本が「熱量」を上げてくれるものになるかは、人それぞれだろう。

僕の場合は、昔から好きだった歴史小説を今でもよく読むし、経営者の参謀になろうと思ったころからは、偉大な経営者の伝記も好んで読んできた。歴史小説にせよ経営者の伝記にせよ、辛い体験や困難な状況をはねのけ、大きなことを成し遂げた人物が描かれてい

る。その心の強さに勇気をもらえるだけでなく、先人たちが実践してきたことを学べるのも、こうしたジャンルの本のいいところだ。浪人時代の苦しい時間も、本が救ってくれたことは一度や二度ではない。

ベンチャー支援を手掛けるようになってからは、いわゆるビジネス書の類を読むことが増えた。

手弁当でベンチャー経営者訪問を始めたばかりのころは、経営者と対等以上の議論ができるように、たとえばマーケティングならマーケティングの本を徹底的に勉強することを心がけた。そうやって蓄えた知識が、「ネットワーク」をつくる助けになった。

今でも、事業を進めていくうえで困難に直面したときは、関連するジャンルのビジネス書を何冊かまとめ買いして打開策を模索する。たとえば、チーム運営に課題を感じたときは、組織論やチームマネジメントの本を買い、本を手掛かりにして、自分に足りないものは何か、どこに問題があるのかを分析して解決策を探る。

苦しいときに必死で勉強した本は、自分を大きく成長させてくれる。その成長の実感が、新たな「熱量」の源にもなる。

いかにしてネガティブな出来事をポジティブに捉え直すか

自分のミッションを歩みつづけるためには、「熱量」を保つことが大きなカギを握る。ここまでは、辛いことがあったときに「熱量」をいかに保つか、その方法を紹介してきたけれど、ここではそれよりもやや本質的な、物事の受け止め方について考えてみたい。

僕は、一見するとネガティブな出来事が起き、心に傷を負いそうになったときでも、それによって生まれるポジティブなことがないかを考えてみるようにしている。よく言われるように、物事には必ず二面性（あるいは多面性）がある。**辛く悲しい出来事でも、受け止め方次第で、それをポジティブなエネルギーに変換することができる。**

「感情曲線」の〈谷〉に当たる「原体験」が、大きな「熱量」の源になるというのはまさにそのことを表している。僕の場合、父親の独立・起業によって味わった苦労や、公認会計士試験の勉強で経験した苦行のような日々があったからこそ、今こうして自分のミッションを大きく育てる喜びを味わえている。ほかにも、戦場で生死をさまよったり大病を患ったり、あるいは投獄されたりという辛い経験が、その後の人生を力強く生きるエネルギーになったという話は枚挙にいとまがない。

1つ実例を挙げると、英国にがん患者を支援する「マギーズセンター」という活動がある。1993年、造園家のマギー・K・ジェンクス氏は55歳のときに乳がんを再発し、余命数か月であることを告げられて大きなショックを受ける。その悲しみや苦しみを共有できる場をつくろうと動き出し、夫である建築評論家のリチャード・ジェンクス氏が、マギー氏の遺志を引き継いで、がん患者たちが集える施設を完成させた。

その「マギーズセンター」の活動を日本でも広めようとしているのが、2008年、自身が24歳のときに乳がんを発症した鈴木美穂さんだ。後に病状は回復するも、闘病の苦しみや、いつ人生が終わるかもしれない不安に襲われていたことが忘れられず、マギー氏同様、苦しむがん患者を支える活動をするようになる。そのなかで「マギーズセンター」の活動と出会い、2014年9月に「マギーズ東京プロジェクト」を立ち上げた。「マギーズセンター」の活動拠点となる施設の建築費を集めるクラウドファンディングは多くの人の共感を呼び、目標額7000万円に対して2200万円を超える支援が寄せられた。2016年10月には、いよいよオープンする予定だ。

彼女の場合も、自分の身に起きたがん発症という辛く苦しい体験から、自分が人生を賭けて取り組むミッションをつかむことができた。もちろん闘病中は、自身の経験をポジティブに捉えることは難しかっただろうけれど（僕も、浪人時代はただただ辛くて仕方がなかった）、その苦しみを乗り越えられたことで、その体験にプラスの意味を見出すことができるようになった。そのプラスのエネルギーが、ミッションを歩む原動力になるのだ。

「オン・オフ」ではなく「ハイ&ロー」で生きる

近年は、「ワーク・ライフ・バランス」という言葉が注目を集めるようになっている。仕事の時間（ワーク）と仕事をしていない生活の時間（ライフ）をはっきり分け、両者をバランスさせる考え方だ。あるいは、仕事の「オン・オフ」をはっきり分ける考え方と言ってもいいかもしれない。

ミッションを歩む人生には、仕事（ワーク）と生活・人生（ライフ）を分けるこの考えは、正直言って、あまり馴染まない。ミッション志向で自分の仕事を組み立てていけば、仕事（ワーク）と生活・人生（ライフ）は自然とつながってくる。自分の人生に「オフ」の時間など存在しない。24時間365日、すべてが自分の人生だ。その有限な時間をどれだけ有効に使えるかが、ミッションをどこまで育てられるかにかかってくる。

とはいえ、四六時中気持ちを張り詰めていることなど、まず不可能だ。適度な休みやリフレッシュは欠かせない。だが、ミッション志向の人生を歩む人たちは決まって、表面的には仕事を離れているときでも、頭のどこかで常に自分のミッションに少なからず意識を向けている。経営者や研究者、創作活動に取り組むつくり手たちが、リフレッシュの最中にいいアイデアを思いつくのは、その最たる例だ。

休んでいる間もスイッチを完全に「オフ」にするのではなく、仕事のときに高めていたテンションを少し低くする。**「オン・オフ」ではなく「ハイ&ロー」で生きる。**

それが、ミッション志向の人生を歩み、ミッションを育てていくのに必要な心構えだ。

そういう「マインド」で日々を過ごすことができれば、ミッションは自ずと育っていくことだろう。

第2章　マインドを磨く

ま　と　め

◆マインドとは、ミッション志向で人生を生き抜くための心構え、覚悟のことである

◆ミッションを歩く人生につきものの「産みの苦しみ」、それが「Jカーブ」

◆「Jカーブ」を乗り越える3つの資質

①マインド

②ビジネスモデル（第3章）

③ネットワーク（第4章）

◆「燃え尽き症候群」を避け、マインドを保つための3つの方法

①ミッションを語りつづける

②会う人のコントロール

③本を読み、講演会に行く

◆マインドを磨き、「Jカーブ」を生き残るためのポイント

○小さな結果を積み重ねる

○ネガティブな出来事をポジティブに捉え直す

○「オン・オフ」ではなく「ハイ＆ロー」で生きる

第3章
ビジネスモデルをつくる
ミッションを事業に変えて「未来のニーズ」を証明する

ミッションをビジネスに育てる3つの「資質」

ミッションに挑んでいるからといって、人は霞を食べて生きていくことはできない。

ミッションを歩みつづける人生を可能にするためには、ミッションからビジネスを組み立て、そこから相応のリターンを得るようにする必要がある。既存の組織のなかで自分のミッションに挑むにせよ、自分でベンチャーを起業するにせよ、組織を存続させるためには財源も不可欠だからだ。

ミッションをビジネスとして大きく育てていくためには、前章でも紹介した**「マインド」、「経営スキル」、「ネットワーク」の3つの資質**が必要だ。本章では、このうち「経営スキル」のエッセンスについて紹介する。

そのなかでも特に重要なのが、ミッションからビジネスを組み立てるために「ビジネスモデル」をつくることだ。

「ビジネスモデル」とは、自分のミッションやアイデアから、お金を生み出す仕組みのことを指す。「原体験」に裏打ちされたミッションを、ビジネスの枠組みのなかで成立させる。その戦略や計画が「ビジネスモデル」だ。

ここでは、「ビジネスモデル」をつくる際に絶対に押さえておきたいポイントを見ていこう。

ミッションを歩む人生は、多くの場合、それまで誰も歩んだことのない道を行くことになる。少なくともその人自身にとっては、それまで経験したことのない世界を切り拓いていくことになる。

それまで経験したことのない世界で、道なき道を歩むのは、ある種の冒険だ。ミッションが「登るべき山」にたとえられるならば、ミッションを歩む人生は高く険しい山に登るようなものと言える。

登山家は、実際に山に足を踏み入れる前に、十分な計画を立てて必要な装備を揃える。同じことは、自分のミッションをビジネスに組み立てていく場合にも当てはまる。**「ビジネスモデル」とは、「登るべき山」の頂《いただき》に到達するための「登山計画」とも言える。**

到達すべき地点（山の頂上）を明確に定め、そこに至るまでの道筋を想定しておく。現実は、計画・想定どおりに進まないことも多い。けれども、事前の計画や想定もなしに出発するのは、自分たちが順調に歩めているかを確認する手段も持たずに冒険に挑む、ということを意味する。それはあまりにリスキーだろう。自分（たち）が進もうとする先に行く手を阻む障害があった場合、乗り越える方法や迂回ルートを考えられるようにするためにも、最初に明確なゴール設定と、そのための戦略や計画がどうしても必要になる。だからこそ、「ビジネスモデル」をつくることは、ミッションに挑むにあたっての1つの重要なステップになるのだ。

なお、「ビジネスモデル」がミッションを実現するための戦略や方法論、すなわちロジックだとすれば、「マインド」はそれを支えるエモーショナルなものだ。

「ビジネスモデル」がミッションに挑んでいく「エンジン」だとすれば、「マインド」はそれを動かす「燃料」だとも言える。どちらか一方だけでは、ミッションを形にすることは難しい。

さらに言えば、いいエンジンと燃料を持っていても、自分1人で到達できるレベルは限られる。ミッションを大きく育てていくには、多くの人の手助け、すなわち「ネットワーク」も不可欠だ。だからこそ、この3つの資質が求められるのだ。

「ビジネスモデル」はコミュニケーションツールだ

「ビジネスモデル」は自分（たち）だけのためにあるものではない。というよりもむしろ、自分（たち）のミッションに共感・賛同し、応援してくれるファンや協力者を募るためのものであるとも言える。

事業資金を集めるために投資や融資を募り、事業の提携相手を口説く。あるいは社内の新規事業であれば、上司や経営層の理解を得る。つまり「ビジネスモデル」は、自分（たち）が安心して山に挑む登山計画であると同時に、人を巻き込むコミュニケーションツールにもなる。

そう考えると、よく耳にする「事業計画書」というのは、「ビジネスモデル」を人に伝えるためにまとめる資料のことだと言える。ミッションをビジネスとして成り立たせる仕組みとあわせて、自分がなぜそのミッションに挑むのか、理由づけやストーリーも含めて、読み手の納得感と共感の両方を得られるようにまとめるのがポイントだ。その際、「ビジネスモデル」と「マインド」の関係のように、ロジックとエモーショナルな要素をバランスよく配分するようにするといいだろう。

と言っても、何も難しく考えすぎる必要はない。**「ビジネスモデル」や「事業計画書」をつくる際も、ミッションをストーリーで語る際のポイントを押さえておけばいい。**

「Ｍｙ Ｓｔｏｒｙ」はビジネスに挑むその人自身の本気度のバロメーターになり、「Ｏｕｒ Ｓｔｏｒｙ」はそれが世の中や会社にとってなぜ必要かを伝える材料になる。また、「Ｎｏｗ」の視点はその事業がなぜ今の時代に必要なのかを示すことになる。

ミッションを繰り返し語ることでミッションが磨かれていくように、つくった「ビジネスモデル」も人に見せて語り、フィードバックをもらうようにすることで、自分では見落としていた穴や弱点を補強していくことができる。経験的に、起業家は自らのビジネスプランを投資家や専門家などに１００回程度プレゼンしつづけることで、事業を形あるものへと落とし込んでいく。とにかく数をこなすことが重要だ。

さらに言えば、「ビジネスモデル」は一度つくったらそれで終わりというわけではない。事業は、計画どおりに進むことのほうが珍しい。つくった「ビジネスモデル」は、計画と現実のズレを測るモノサシにするのとあわせて、ズレがあまりに大きくなってきたら、状況にあわせて計画も練り直す必要がある。

「ビジネスモデル」は、ミッションを形にするための（つまり、登るべき山にどう登るかを示す）計画だ。計画を立てたときから現実の状況が変化しているのに、計画に固執していてはミッションを形にすることなどできなくなってしまう。ミッションに挑むためという目的や大局観を見失わずに、計画を柔軟に変えていく勇気も持ちあわせておく必要があるだろう。

ここで1つ付け加えておきたいのは、**組織のなかで自分のミッションに取り組もうとする場合、「Our Story」の視点が抜けがちになる**ことだ。自分のミッションに対して懸命になるあまり、意識が「My Story」だけに向かいやすいのだ。それが自分にとって、なぜ今（Now）必要かを熱く語ることはできても、組織が事業として取り組む重要性や緊急性を示しきれなければ、上司や経営層の理解や共感を得るのは難しい。自分のミッションに燃えて新規事業を組織に提案しても、「それはうちがやる仕事じゃないよね」で話が終わってしまう。

「それこそうちで取り組むべき事業だ」と組織に言わしめ、自分も組織内のさまざまな立場の人も、「自分ごと」として気持ちよく新規事業に取り組めるようにするには、**自分のミッションと組織のミッションのマッチングストーリーを組み立てる**のがポイントだ。そのうえで、戦略や方法論のロジックを明快に語ることができれば、組織としても事業提案を断る理由がなくなる。

次の節では、僕がトーマツという大きな組織のなかで、ベンチャー支援という自分自身のミッションを、どのようにして組織のミッションとすりあわせていったかを紹介したい。

自分と組織の「マッチングストーリー」をつくる

自分と組織のマッチングストーリーをつくるにあたり、まず大事なのは**組織の基礎データをきちんと押さえること**だ。人材は組織全体あるいはグループ全体で何人いるのか。日本や世界のどこに拠点があるのか。売り上げや利益がいくらあるのか……。組織が公表している基本的な情報をきちんと把握するところから始めるのだ。さらには、組織が業界のなかでどういう位置づけにあり、競合との比較で強みや弱みがどこにあるのか、組織の特徴もしっかり理解しておくのも欠かせない。

トーマツで言えば、世界のデロイトネットワーク全体で人員は約22万5000人、世界150を超える国・地域に展開し、およそ352億ドルの売り上げ（2015年5月末時点）

がある。競合との比較の観点では、グローバルに事業を展開する監査法人（会計事務所）は世界に4つ存在し、「Big4」ないし「四大会計事務所」と呼ばれる。それぞれが日本でも事業を展開しているが、日本におけるトーマツの強みは、国内の約40都市に拠点を持っていること、トーマツが一角を成す日本のデロイトトーマツグループは公認会計士のみならず、税理士や弁護士、ビジネスコンサルタントなどのプロフェッショナルを擁しているることだ。グローバルにもローカルにも広がるネットワークで専門家集団を形成していることは、トーマツの大きな強みと言える。

だが、こうした数字や特徴を押さえるだけでは十分ではない。というのも、これらはいずれもある現時点での瞬間的な組織の状況しか表していないからだ。

ミッションは、現在を起点にして、未来を切り拓いていくためのストーリーだ。自分と組織のミッションをマッチングさせるには、組織が今からどこに向かおうとしているか、その方向性も十分に確認しておくことが重要になる。

ではどうすれば、組織が進むベクトルを見ることができるのか――。それはたいていの場合、**トップが発信するメッセージのなかに答えがある**。

TVS（トーマツベンチャーサポート）を立ち上げたころのトーマツのトップは、次の3つのポイントを幾度も繰り返し発信していた。1つは、グローバルネットワークを有することの強みを活かし、クライアントのグローバルな事業展開を積極的に支援すること。2つ目は、これまで培ってきた業界ごとのインダストリー知見を徹底的に活用し、クライアントに対して新たな価値を提供すること。3つ目は、監査、税務、コンサルティング、ファイナンシャルアドバイザリーといった専門性を持ったグループ会社を連携させること（クロスファンクションと呼んでいた）。

こうしたメッセージを発するトップに対し、ベンチャー支援を行うTVSが、なぜトーマツグループ（当時、現在はデロイトトーマツグループ）内に必要なのか、経営層に次のように説明していた。

はじめに強調したのは、2つ目のインダストリー知見についてだ。トーマツのクライアントは、世界的に見ても大企業が大半を占める。だが今や、ベンチャー企業こそが日本の経済や社会に新たな風を吹き起こしているのは紛れもない事実だ。ベンチャーを押さえずして、インダストリーの最新動向をつかむことはできない。それが、TVSがトーマツグループ内に必要な第一の理由になる。

次に強調したポイントは、3つ目のクロスファンクションについてだ。TVSはベンチャー支援を前面に打ち出してはいるものの、大企業や自治体・官公庁とも事業を展開している。大企業には新規事業を立ち上げたいニーズがあり、自治体には地元で新たな産業や雇用を創出したいというニーズがある。両者に対し、有望なベンチャーを紹介したり共同で事業を進める枠組みを提案したりすることで、結果的にベンチャー企業を支援することにもつながる。

こうした事業をTVSで展開するにあたり、トーマツグループ内のチームの力も借りている。つまり、TVS自体が、クロスファンクションを実践する事例になっているわけだ。

最後に補足したのは、グローバル展開のポイントだ。ベンチャーのメッカは米国シリコンバレーにある。そこにTVSの駐在員が常駐し、ベンチャーのネットワークをつくることは、トーマツのクライアント、すなわち日本の大企業が、アメリカ市場に打って出る足がかりになりうる。

こうやって、**トップのメッセージに沿って自分のミッションを語れるようになれば、組織としてはそれを応援する理由が徐々に増えていく**。もちろん、僕がここまでクリアに自分と組織のマッチングストーリーを語れるようになるにはかなりの時間がかかり、その間は苦労することも多かった。しかしだからこそ、マッチングストーリーの重要性は声をからしてでも伝えたいポイントだ。

こうしたマッチングストーリーに、事業を成り立たせる戦略や方法論、数字や組織のあり方など、ビジネスの要素を盛り込んでいけば、それが「ビジネスモデル」になる。次節以降では、組織や投資家を納得させる「ビジネスモデル」のエッセンスを見ていこう。

「ビジネスモデル」の3つの柱——マーケット・差別化・チーム

「ビジネスモデル」を組み立てるうえで、絶対に外してはいけない3つの柱がある。

「マーケット」、「差別化」、「チーム」の3つだ。

これから挑もうとしている新規事業には、一定の売り上げとその後の成長を見込める「マーケット」があること。

そして、そのマーケットで自分たちを競合他社から「差別化」する戦略や独自技術があること。

さらに、「(経営)チーム」を構成するメンバーは、その戦略を遂行できる力を備えているとともに、それぞれのメンバーが各人のミッションにもとづき、どんな困難をも乗り越えていく本気度(コミットメント)でこの事業に取り組んでいること。

この3つの要素をはっきりと示せれば、それを見た人の理解と共感を得られるはずだ。

この3つが「ビジネスモデル」の〈肝〉だと僕が確信したのは、ベンチャー支援のためにベンチャーキャピタル（VC）の人たちと交流を続けてきたからだ。

資金集めに奔走するベンチャー経営者の力になろうと、ベンチャー経営者とVCの「オミアイ」をセッティングしたこともある。だが、すべてのベンチャーがVCから投資を得られるわけではない。VCから断られるベンチャーも少なくない。その違いがどこにあるのか、VCの人たちに尋ねていくと、この3つの柱に集約されることがわかってきた。

そもそも「マーケット」に可能性を感じられなければ、投資の対象になるはずがない。マーケットは魅力的だとしても、目の前のベンチャーが、そこでどう「差別化」するかが見えてこなければ、やはり投資の決断をくだせない。さらには、2つの基準をクリアしたとしても、実際に実行力を担保する「チーム」のメンバーに力や本気度が足りないと感じれば、やはり投資は難しい。ベンチャーが投資を得るには、これら3つの要素を兼ね備えていなければならない、とVCの人たちは口を揃えて言う。

この教訓がすごいのは、ベンチャーだけに当てはまるわけではないことだ。「ビジネスモデル」の必要性は、大きな組織のなかで新規事業を立ち上げる際にも当てはまる。

大企業が取り組む新規事業でも、「マーケット」がなければ成長を望めるはずはないし、「差別化」のポイントがなければ、競合との戦いを勝ち抜けるはずがない。「チーム」

の要素も同様で、関わるメンバーに力と本気度があると認めてもらえなければ、新規事業に上司や経営陣のゴーサインが出るはずがない。

組織のなかで新規事業に挑むには、自分は「起業家」だという心構えとスキルを身につけることが重要だ。なぜなら、組織のなかの「起業家」が口説くべき「投資家」は、社内の上司や経営陣だからだ。組織に新規事業を認めさせ、その後も協力を得つづけるために、3つのポイントを押さえた「ビジネスモデル」を組み立てる必要がある。

「メルカリ」の急成長を支えたものとは?

「ビジネスモデル」の3つの柱のなかで、特に重要なのは「マーケット」だ。

日本の高度経済成長期を思い起こせばわかるように、「マーケット」が劇的に伸びているところでは、ビジネスは自然と大きく育つ。「差別化」や「チーム」がいまひとつでも、エスカレーターに乗って上昇するがごとく、売り上げは上へ上へと簡単に伸びていく。

反対に、「マーケット」そのものが低調な環境で事業を育てていくには、よほどの「差別化」要素や「チーム」の力量がなければ難しい。切り立った崖をよじ登っていくような、高度な「経営スキル」が求められる。

ここで、「マーケット」拡大の勢いを得て、急成長を遂げたビジネスを紹介しよう。

スマホで「CtoC（Consumer to Consumer：消費者間取引）」ができるフリマ（フリーマーケット）アプリの「メルカリ（mercari）」というサービスがある。同名の運営会社は2013年2月に創業したばかりだが、2015年10月にはアプリが2000万ダウンロードを超えたと発表された。

この劇的な成長を支えたのは、CtoCビジネスという「マーケット」が拡大を見せているのが大きな要因と考えられる。欧米の市場動向から、消費税が8％以上になったところでCtoCのマーケットが栄えることが経験則として知られていた。日本で消費税が8％になったのは2014年4月1日。それが「メルカリ」のビジネスを急成長させる1つの要因になったのだろう。

さらに2014年の中ごろには、多くのネットサービスで、利用端末がパソコンからスマホに大きくシフトした。スマホユーザーをメインターゲットにしたCtoCのフリマアプリが急激に成長したのは、この辺りに要因があると考えられる。

だが、「メルカリ」の急成長は、「マーケット」の拡大以外にも要因がある。それが3本柱の1つの「（経営）チーム」だ。

創業者の山田進太郎氏と、2015年5月に同社のCTOに就任した柄沢聡太郎氏は、それまでにネットのサービスをいくつも立ち上げ、成功させてきた。さらにCFOの小泉文明氏はミクシィをはじめとする数々のベンチャー企業で輝かしい実績を積み重ねてきている。その経験から、消費税増税とスマホシフトが起こる直前のタイミングで、スマホに焦点を当てたフリマアプリ（サービス）を開発することができたのだろう。

新規事業を成功させるうえで重要なのは、「タイミング」と「方向性」、「スピード感」の3つだ。山田氏は絶妙なタイミングと方向性で「メルカリ」のサービスを始め、柄沢氏・小泉氏を巻き込んだチームでスピード感を損なうことなく事業を大きく成長させた。この「（経営）チーム」の存在が、そのまま「差別化」要因にもなっている。

メガベンチャーへと成長した「メルカリ」の例が示すように、「マーケット」、「差別化」、「チーム」のいずれもが秀逸なら、事業は大きく育っていきやすい。

ブルーオーシャンの幻想を捨てる——競合を見つける作業を怠らない

「マーケット」をきちんと見定めることができれば、競合も自ずと見えてくる。たとえば、高速バスは同じ業界のなかだけに競争相手がいるわけではない。格安航空会社（LCC）が成長してくると、それまで高速バスを利用していた人がそちらに流れてしまう、というようなことが起こる。

似たような関係で、新幹線と国内線の飛行機も路線によっては競合関係にある。あるいは、牛丼チェーンの「吉野家」の競合は「松屋」だけではない。「マクドナルド」や「ファーストキッチン」のようなファストフード店や、「日高屋」のように安さを売りにするラーメン屋も顧客を奪いあう関係にある。

「マーケット」とは、顧客に価値を提供してマネタイズする（お金に変える）場のことだ。顧客に提供する価値の本質が見えていないと、「マーケット」の大きさを見誤り、競合の存在を見落としてしまう。その状態ではいずれ事業が行き詰まるのが目に見えている。

この罠には、技術を売りにしているベンチャー企業が陥りやすい。「うちの技術は世界一です」と豪語するベンチャーに限って、その技術が提供する価値や競合を見誤っているケースが少なくない。

ひところ、競争相手のいない未開拓市場「ブルーオーシャン」で事業を展開するのが優れたビジネスモデルだという見方が大きな注目を集めた。

たしかに「ブルーオーシャン」は、事業を継続していく理想的な環境であることは間違いない。しかし、情報が瞬時に世界中を駆け巡り、変化のスピードが加速度的に上がっている今、**「ブルーオーシャン」が「ブルーオーシャン」でありつづける時間はきわめて短くなっている。**うま味のあるマーケットが存在するとわかれば、他の企業が我も我もと勢い込んで参入してくる。むしろ、どこも参入してこないとすると、他の企業には真似できないよほどの「差別化」要因がある場合を除き、マーケットそのものに可能性がないことを示していると言えるだろう。「ブルーオーシャン戦略」一本で新規事業に挑むのは、あまりにもリスキーだ。

特に創業間もない若いベンチャーは、大企業が参入してきた場合の戦略を十分に練っておく必要がある。自分たちと同じサービスを、大企業の知名度と販路、資金力に裏打ちされた低価格戦略で展開されたら、体力の乏しいベンチャーはひとたまりもない。

事実、先行してサービスを始めたベンチャーが、大企業の参入によって軒並み撤退を余儀なくされた事例がある。共同で（グループで）クーポンを購入する「グルーポン」のサービスだ。２００９年に米国で注目を集めはじめ、日本には２０１０年春ごろ上陸、そのころはベンチャー各社が参入し、一時は２００社を超える事業者がいたが、リクルートや楽天、ソフトバンクなどの超大企業が参入し、その後は10社程度にまで淘汰された。大企業のブランドと販路、資本力の前に、並のベンチャーはまるで刃が立たなかった。

もちろん、大企業が参入してくる前に一定の利益を確保できる可能性はあるし、競争が激化した場合でも、先行者に強みがあるのもまた事実だ。とはいえ、「ブルーオーシャン」から得られる収穫は年々少なくなっていると考えておくのが賢明だ。運よく「ブルーオーシャン」の開拓に成功したとしても、予め競合対策を十二分に練っておくのを忘れないようにしたい。

あるいは、誰も追いつけない領域まで素早く事業を成長させることができれば、大企業とて参入を控えるようになるかもしれない。先ほど例に挙げたメルカリは、まさにその好例と言えるだろう。

「登るべき山」を変えてはいけない

「マーケット」の見定め方でもう1つ大事なのは、**ミッションとのつながりを忘れてはいけない、ということだ。**

よくありがちなのは、「ビジネスモデル」を組み立てる際、せっかく定めた自分のミッションから離れていってしまうこと、言い換えれば「登るべき山」を変えてしまうことだ。ミッションをベースにビジネスを組み立てようとしても、どうにも「マーケット」が見えてこない。誰にどんな価値を提供し、どうやってマネタイズするかが組み立てられない。そういう場合、勢いのある「マーケット」に惹かれて、ミッションと直接関係のない事業を始めてしまうことがある。たとえば今なら、金融とITを融合させた「フィンテック（FinTech）」や人工知能（AI）が注目されているからと、流行り廃りで「マーケット」を決めてしまうことが往々にして起こる。

この場合、「マーケット」そのものに勢いはあり、「ビジネスモデル」は一見すると可能性があるように感じられることもある。けれども、自分のミッションとのつながりがなくなり、結果、論は通れど熱量が低下していくのは避けられない。本人の本気度が下がれば、人を巻き込むことも、困難を乗り越えることも難しくなる。

「ビジネスモデル」は組み立てられても、「マインド」が伴わずに事業を続けていけるほど、この世界は甘くはない。ミッションと違うことに取り組んでいては、ミッション志向の人生を歩むこともできなくなってしまうし、「登るべき山」を変えては、ミッションを定めた意味がなくなってしまう。


第1章の中ほどで、「ミッションは『仮決め』でもいい」という話をした。その話は、「ビジネスモデル」を組み立てる際にもつながってくる。

ミッションは「仮決め」でもいいけれど、その「軸」を変えてはいけない。「登るべき山」を変えずに登り方を変え、あるいは視点を一段抽象化して、山そのものを捉え直して大きくする。**自分のミッションとつながる有望な「マーケット」が見つけられなくとも、軸足を動かさずに「ピボット」で突破口を探す。**

自分のミッションと関係なく、勢いのある「マーケット」で「ビジネスモデル」を組み立てようとすると、事業に取り組む当人が、「なぜ自分はこのビジネスに取り組むのか」、その理由がわからなくなってしまう。キャリア志向、スキル志向の人ほど、「ビジネスモデル」の教科書的な知識を駆使するあまり、この罠にはまりやすい。

ミッション志向の人生を歩むためには、あくまでも自分のミッションからは踏み外さず、「ピボット」で軸足だけは保つように意識するといいだろう。

視点を高める——ベンチャー支援を「グーグルモデル」で

とはいえ、「ピボット」を何度も繰り返しても、なかなか「マーケット」が見つけられない、あるいはつくれないケースも現実にはある。何を隠そう、ベンチャー支援を志した僕自身が、そのジレンマにはまりこんだ。

そういう場合に有効なのが、ミッションへの直接的なアプローチではなく、**視点を高めて、間接的にでもミッションの実現につながる道筋を探すこと**だ。

TVSは、組織の事業として認められた当初、将来のIPO（新規公開）案件のクライアントになりうるベンチャーや、会計の顧問契約を結べるベンチャーを探して売り上げにつなげようとしていた。けれども実際には、そう簡単に売り上げを立てることはできなかった。ＩＰＯを間近に控えたベンチャーは、既存の営業ルートを通じてトーマツにも話が舞い込むし、将来の成長が見込めるベンチャーを見つけられても、ＩＰＯまでには何年もかかる。顧問契約にしても、トーマツのような大手の監査法人の顧問料を支払える資金的余裕のあるベンチャー企業はそうそうなかった。

今でこそ、「ビジネスモデル」や「マーケット」が大事だと言っているけれど、ＴＶＳを立ち上げた時点で、有望な「マーケット」が見えていたわけでも、厳しい事業環境を乗り越える秀逸な「ビジネスモデル」を組み立てられていたわけでもなかったのだ。

稼げる「ビジネスモデル」を模索するなか、思いついたのがグーグルの「ビジネスモデル」を参考にすることだった。

グーグルは、検索をはじめさまざまなサービスを幅広く一般に提供する一方で、主な収益は広告事業であげている。一般ユーザーのウェブやスマートフォンでの行動をマーケティング情報としてまとめ、ピンポイントでターゲット広告を打ちたい広告主に、その情報を有料で提供している。

グーグルモデルの肝は、一般ユーザーを大勢抱え込むことが、広告主に対するセールスポイントになっていることにある。２０１１年秋、ベンチャー支援の一環でベンチャーのメッカであるシリコンバレーを訪ねた際、幸運にもそのことに気がついた。

現地でベンチャー企業の経営支援を担うメインプレイヤーは、弁護士事務所だった。彼らはベンチャー企業に対して当初はリーズナブルな価格でサービスを提供する代わりに、支援を通じて事業がうまくいったら成功報酬をもらうビジネスモデルを組み立てていた。その事例とグーグルのビジネスモデルが、僕にはつながって見えた。そこでTVSでも、ベンチャー企業に対してはなるべく負担が少ない形で支援を実施し、収益化は別の方法でできないか、と考えるようになった。

幸いにも、TVSを立ち上げる以前の手弁当での活動も含め、ベンチャーのネットワークはその時点で十分に広がっていた。これを使って何かできないか――。そう考えると、新しい視点で物事が見えてきた。

たとえば、新規事業を立ち上げたい大企業に対しては、TVSを現場で立ち上げた経験を踏まえ、新規事業創出支援のコンサルティングサービスを提供し、その一環で、ベンチャー企業とのマッチングサービスを提供する。しかもこの方法は、ベンチャー支援になるだけでなく、イノベーションが必要な大企業にも役立つサービスになる。

また、新たな産業や雇用を創出したい官公庁や自治体に対しては、ベンチャー育成支援やイノベーション創出の観点で役に立つサービスを提供する。それにより、ベンチャー企業が置かれている環境を少しでも改善していくことが期待できる。

こうしてＴＶＳでも、グーグルのモデルで言うところの一般ユーザーであるベンチャー企業とのネットワークを強みに、大企業や自治体・官公庁向けにサービスを提供する「ビジネスモデル」が少しずつ形になってきた。支援しはじめた当初は小規模だったベンチャーも、成長のステージにあわせてＩＰＯや会計監査、顧問契約などのサービスを提供することもできるようになった。

こうしたグーグルモデルが機能するようになって、ＴＶＳがアプローチできる「マーケット」はかなり大きくなった。ベンチャー支援という軸は変えずに、アプローチ（登り方）を変えることで、「マーケット」を大きくすることに成功したのだ。

さらに言えば、大企業や自治体・官公庁にもサービスを提供するようになり、ミッションそのものがそれまでよりも一段高まり、山そのものが大きくなった。当初は「ベンチャー支援」をミッションの主眼に掲げていたが、今では組織の形態や規模の大小を問わず、「挑戦する人とともに未来をひらく」と、ミッションを大きく捉え直している。それによって、アプローチできる「マーケット」も大きくなり、事業と組織をスケールさせることができるようになった。

ミッションにはあくまで忠実に、つまり**「登るべき山」は変えずに、アプローチ（登り方）だけを変える**。そして、**ミッションを抽象化することで山そのものを大きくする**。

ミッションから稼げる「マーケット」をつくれずにいるときは、この2つの方法で「マーケット」を大きくするのがポイントだ。

ちなみに、「登るべき山」を変えないというのは、「ビジネスモデル」の計画段階だけではなく、事業の遂行フェーズにおいても変わらず重要だ。

ＴＶＳでも、その課題に日々直面していると言っていい。大企業や自治体・官公庁との仕事が増え、案件の規模が大きくなると、本来のミッションであるベンチャー支援の最前線だけではなく、さまざまな仕事に携わる人も必要になる。そのためには人を増やして組織も大きくしていく必要があるが、人を増やすと、今度は事業の継続性という観点から、ミッションからは離れているものの収益性の高い大型案件を取りにいきたい気持ちが芽生えてくる。

それはある程度は仕方のないことではあるけれど、目的と手段が入れ替わってしまうことは往々にして起こる。ミッション実現のために始まったはずの「ビジネスモデル」が、大きくなった組織を維持するためになっては本末転倒だ。そうならないよう、目の前の仕事とミッションのつながりは、常にチェックするように心がける必要がある。

そのサービスは、「解毒剤」か「サプリメント」か

「マーケット」のつくり方や、そのマーケットがどれぐらいのサイズに育つかは、新たに開発する製品やサービスによって、ある程度は見定めることができる。

世の中の製品やサービスは、大きく次の2つに分類することができる。

1つは、世の中に現存する課題を解決する「**課題解決型**」。

もう1つは、新しい付加価値を創出する「**付加価値創出型**」。

イメージが湧きやすいように、個人的には前者を「解毒剤」、後者を「サプリメント」と呼んだりもしている。

「課題解決型」、つまり「解毒剤」タイプの製品やサービスは、課題を抱えている人や組織にとっては、それがないと困るものだ。そのため、一定のニーズをある程度確実に見込みやすい反面、製品やサービスへのニーズは切実な課題にもとづいている分だけ、ユーザーは費用対効果で製品やサービスを選ぶ傾向が強い。つまり、販売単価を高く設定するのは難しい。

ある意味では、日々の食事もこのタイプに含まれる。食品は生きていくためになくてはならないものだからこそ、必ず一定数のニーズは見込めるが、何万円もの価格をつけるのはほぼ不可能だ。

このタイプの製品やサービスで「マーケット」を広げていくには、薄利多売で数をさばくしかない。このタイプの製品やサービスで、数をさばくのが見込めないときは、「ビジネスモデル」の組み立て方を見なおしたほうがいいかもしれない。

同じ食事でも、高級食材や高級レストランのような嗜好品・高級品になれば、「付加価値創出型」、つまり「サプリメント」タイプのサービスに変わる。そこで提供されるのは、ユーザーの「あったらいいな」に応える、まさしく付加価値であるため、価格は供給側が自由に設定しやすくなる。一食何万円という高級な食事が存在するのもそのためだ。

ただ反対に、なくても困らないものであるため、ニーズが広がりにくく、少ないボリュームで利益を出せるようにしておく必要がある。また、一度は受け入れられても飽きられやすいという側面もあり、高級感や新鮮味が失われないようにするための工夫も必要だ。

もし、高級感と「なくてはならない」イメージを両立させることができれば、「マーケット」を大きく成長させることができる。今やスマホは誰もが手にするようになったたため、高い値づけは難しくなってきたが、少し前までのiPhoneは、スマホ市場のなかでも、高級感と「なくてはならない」イメージの両立に成功した数少ない製品の1つだった。だがそのiPhoneも、今ではその新鮮味が失われ、アップルの苦戦も報じられるようになってきた。「サプリメント」タイプは、買いつづけてもらう難しさがあることを頭に入れておこう。

リーンスタートアップのすすめ——失敗をプロセスに組み込む

先にも触れたように、「ビジネスモデル」というのは、一度つくればそれで終わりというものではない。

新規事業に着手する前に、直面するリスクをすべて洗い出しておくことなど不可能だ。そういう意味では、実際のビジネスは、まず当初の「ビジネスモデル」どおりには進まないと思っておいたほうがいいだろう。メンバーを育成するため、未経験の業務を任せるような場合も、計画どおりには進まないことを予め覚悟しておきたい。

それなのになぜ「ビジネスモデル」の必要性・重要性を強調しているかというと、１つには、それを元に何がうまくいって何がうまくいっていないかを都度確認し、アプローチを修正していくためだ。登山において地図やコンパスを携帯しておくのは、道に迷わないようにするためであるとともに、道に迷ったときにルートを修正するためでもある。

別の言い方をすれば、新規事業において失敗はほとんど必然的なプロセスだ。失敗に直面するたび、「ビジネスモデル」をその都度修正していく。「ＰＤＣＡ（Plan-Do-Check-Action）サイクル」は、業務プロセス改善手法としてよく知られているが、事業そのものにも同じことが当てはまる。「ビジネスモデル」をつくり（Plan）、実行して（Do）結果を確認（Check）したうえで、改善策を考えてまた実行する（Action）。それを高速で回しつづけることで新規事業は成長していく。

昨今、事業を小さく始め、顧客の反応を見ながら軌道修正していく「**リーンスタートアップ**」という起業手法が注目されはじめたのも、今の話と同じ理由だ。未開拓の分野でリスクを事前に読み切ることができない以上、程度の差はあれ、新規事業はすべからく「リーンスタートアップ」になると思っておくべきだ。

新規事業で実際どのようにしてＰＤＣＡサイクルを回しているか、その例を簡単に紹介しておこう。

たとえばインターネットサービスの場合、だいたい3か月ごとに達成する目標を設定し、ステージを1つずつ上げていく。最初の3か月はユーザー数を増やすことに重点を置き、それが達成できたら次の段階に進み、達成できなければ、改善策を立ててもう一度計画を実行する。

次の段階では、ユーザー1人ひとりがサイトにアクセスする頻度（ユーザーの「粘着性」と呼ばれる）を高めることを目指し、その目標を達成できたら、次はユーザーの課金率をあるラインまで高めていくというフェーズに移っていく。

そこまで到達できると、ユーザー1人あたり平均して一定額の課金が見込めるようになってくる。その平均課金額が仮に500円だとすると、広告を打ってユーザーを1人増やすのに300円のコストがかかるとしても、1人あたりで200円の粗利が見込める。そこまでの計算が成り立ってはじめて、大量に資金調達をして大々的に広告を打ち、システムも増強して一気に事業をスケールさせることができるようになる。

PDCAサイクルを高速で回しながら、課題のある業務を日々改善し、それを繰り返しながら事業を大きく育てていく。「ビジネスモデル」は、そうした過程を経ることで、その都度改良されていくものだ。

失敗への許容度を高める「チャレンジできる箱」づくり

「失敗をプロセスに組み込む」とは言っても、犯してはいけない失敗もある点には注意しておいてほしい。

と言っても、さして特別なことではない。法令を遵守する。事業資金が底をつくようなことはしない。それともう1つ、大きな組織にいる人に気をつけてほしいのは、組織の屋台骨を支える基幹事業での失敗は大きな致命傷になるということだ。

たとえば通信会社で通信障害があればニュースになるし、鉄道会社で運行に支障を来たす人為的ミスがあれば大きく報じられる。メーカーが欠陥製品をつくってはいけないのも当たり前のことだ。

だが、大きな組織でも、新規事業に取り組む場合は、思い切ったチャレンジができるように、失敗をある程度許容できるような仕組みづくりをしておきたい。そのための1つの方法は、別法人をつくって母体とは異なる事業体で展開することだ。トーマツグループのなかで、ベンチャー支援のために休眠していたＴＶＳという別法人を再始動させたのもその一例だろう。

なぜ別法人をつくるのがいいかというと、基幹事業と新規事業とでは、付随するリスクや不確定要素に大きな違いがあるからだ。基幹事業では堅実さがまず求められるが、新規事業では、リスクにも果敢に挑んでいかなければならない場面が多い。当然、チャレンジしたがゆえの失敗も起こりやすくなる。この性質の異なる2つの事業を、同じ組織のもと、同じ価値観で進めようとすると、お互いに悪影響を与えかねない。何より、新規事業に取り組むメンバーが失敗を恐れてチャレンジしなくなっては、新規事業を立ち上げた意味がなくなってしまう。

新規事業に取り組むチームを別法人にすることで、たとえばオフィスを物理的に分け、法人の運用ルールも変え、大きな組織のなかにも失敗に寛容な新たな文化を生み出していくことができる。同じ効果は大きな組織がベンチャーと提携関係を築くことでも実現が期待できる。自社単独の事業でないことをはっきりと示すことで、失敗に対する許容度を高めることができるからだ。

いずれにしても、**「チャレンジできる箱」をつくる**のは、大きな組織のなかで新規事業を育てる重要なテクニックの1つだ。

「未来のニーズ」を証明する——社内の「上下関係」にとらわれないために

独立してベンチャーを立ち上げるにせよ、組織のなかで取り組むにせよ、ミッションにもとづいて新規事業を進める難しさは、未来の「マーケット」を誰も予測できないことにある。まだ世の中に存在していない新商品を提供したとして、そこにニーズを見出すユーザーがどれだけいるか、実際のところはやってみないと誰にもわからない。

あらゆる新規事業は、この「不確実性」という壁に直面する。「千三つ」という言葉もあるように（1000の新規事業のうち成功するのは3つにすぎないという意味）、ほとんどの新規事業はこの壁を乗り越えられず、人知れず撤退を余儀なくされる（すなわちそれが、「Jカーブ」の谷だ）。逆に言えば、今では当たり前になっている商品やサービスは、この壁を乗り越えたからこそ今僕たちの目の前にあるということだ。

たとえばインターネットの商用サービスが始まったころは、ここまで社会インフラのように育つと見通していた人はほとんどいなかった。スマートフォンも、アップルがiPhoneを投入する以前から、何度も似たようなコンセプトの商品が世に送り出されてはユーザーに受け入れられず消えていった。iPhoneが発売されたときも、「そんなおもちゃが広まるはずがない」と酷評する人もいた。

こうした今当たり前になっている商品やサービスは、どこかのタイミングで多くのユーザーの支持を得たからこそ、「マーケット」の開拓に成功し、定番の商品やサービスへと育ってきたわけだ。

新規事業を成功させられるかどうかは、その「タイミング」と「方向性」を正しくつかみ、「スピード感」をもってビジネスを大きくしていけるかにかかっている。世の中の人が求める適切な「タイミング」と「方向性」で、新たな商品やサービスを投入できるかどうか。それが爆発的に受け入れられるようになったときに、「スピード感」を持って事業をスケールさせられるかどうか。それを見極めることが、新規事業を成功させるカギを握る。

その判断は、組織の規模や形態にかかわらず難しさを伴うものだが、大きな組織には「大企業病」がつきもので、「タイミング」と「方向性」を逃しやすく、「スピード感」を失いやすい(大きな組織の資本力や総合力は、新規事業につきものの「Jカーブ」の谷を耐え忍ぶためにはプラスに働くが、身軽さや素早さではベンチャーには到底かなわない。

反対に、資本力の乏しいベンチャーは、「Jカーブ」の谷の落ち込みに耐え切れず、ポテンシャルのあるサービスも、それで潰えてしまうこともある）。

まず、大きな組織は保守的になりがちだ。「マーケット」が大きく伸びる「タイミング」を見定め、その前に事業に参入しておけば、トップランナーとしての利益を手にすることが期待できるが、新しいものに対して、最初はほとんどの人が「反対」ないし「様子見」の姿勢をとる。世界で初めてデジタルカメラを発明しながら、既存のフィルム事業を守るため事業化できなかったコダックの例は、決して他人ごとではない。

大きな組織にはさらに、現場と意思決定権者の間に「上下関係」の壁も存在する。現場レベルの担当者が、世の中の変化の兆しをつかみ、適切な「タイミング」と「方向性」、「スピード感」で新規事業の提案をしたとしても、そこに将来のニーズ、すなわち「マーケット」がたしかに存在することを示せなければ、意思決定を下す上司や経営層を説得することは難しい。組織内の「上下関係」を覆し、新規事業を前に進めるには、**「未来のニーズ」を証明すること**が必要になってくる。

個を磨き、「マーケットの代表」を目指す――組織の壁を乗り越える方法①

この、大きな組織における「上下関係」の壁を乗り越える方法としては、大きく2つが考えられる。

1つは、自分が「マーケット」の代表者であると確信できるレベルまで、「マーケット」のことを熟知する方法だ。誰よりも「マーケット」のことを知り尽くしたうえで、そこにはたしかにニーズが存在すると示せれば、組織の意思決定の「上下関係」をひっくり返すことができる。

その代表例と言えるのが、女性向け美容商品のマーケットで、ヒット作を連発するパナソニックビューティの清藤美里さんだ。2011年4月に発売を始めた頭皮エステ（ヘッドスパ）用の商品を皮切りに、今ではヘアーケア、衣類ケアなど、全世界の女性の美容を増進するさまざまな商品を展開している。最初に市場投入した頭皮エステ用の商品は、発売から1年で当初計画比の4倍、20万台を超えるヒットとなり、メインターゲットとしていた女性ユーザーだけでなく、男性からも一定の支持を受けた（購入客の約3割が男性だったという)。その後のパナソニックビューティの商品も、女性をメインターゲットにしながら、健康や美容に関心の高い男性客からの支持を集めている。

清藤さんは、この頭皮エステ用商品の商品企画を主導し、美容家電という「マーケット」を大きく切り拓いた。2004年からヘアーケア関連の商品企画に携わっていた清藤さんが、この商品の企画・開発に着手したのは2007年だという。4年がかりで新規事業の準備に取り組んだことになる。

最初のきっかけは、「ナノケア」シリーズと呼ばれる、微粒子イオンを発生させて髪の水分バランスを整える高額なドライヤーの売れ行きに目をつけたことだ。価格は従来商品の約7倍、2万円前後にもなるのに、2005年の発売以来長く売れつづけている要因を探ろうとした。

調査の結果、ユーザーは、トリートメントのような対症療法的なヘアーケアではなく、「内側からの本質的なケア」を求めていることが見えてきた。それを実現する方法を模索し、美容業界のトレンドのみならず、調査の手を学術論文にまで広げる。それによって見えてきたのが、「頭皮ケア」というアプローチだった。

2008年、最初に開発した試作機は、サイズがあまりに大きくなりすぎたことから商品化の企画は通らなかったが、清藤さんはその後も調査や美容マーケットの動向を注視しつづけた。すると、２００９年になって、「ヘッドスパ」と呼ばれるサービスが美容業界で定着を見せはじめた。とある美容研究家からは、企画開発の後押しも受けた。「頭皮も肌と同じなのにケアがおろそかにされている」、「豊かな土壌が植物を育てるように、頭皮が健康でなければ健康な髪は育たない」といった主張を受け、「頭皮ケア」が「マーケット」になりうると確信する。その確信をもとに企画案を練り直し、それが了承されて商品開発が本格的に動きはじめた。

この頭皮エステ用商品が爆発的なヒットにつながったことで、清藤さんは社内の信頼を勝ち得た。「美容マーケットのことは清藤に聞け」という評価が社内にも広まり、清藤さんは清藤さんで、社内で企画案を通す際、「**私はユーザーの代弁者です**」とキーパーソンを口説くのだという。

ついでを言えば、僕がＴＶＳでベンチャー支援業務を任されるようになったのも、清藤さんのケースと似ているところがある。その時点で僕は、ベンチャー経営者やベンチャーキャピタルの投資家たちと、組織のなかでも若手ではかなりのネットワークを築いていた。「斎藤はベンチャーに詳しいらしい」というポジションを確立することができていたからこそ、ＴＶＳの立ち上げ要員としてお声がかかったのだろう。

自他ともにそこまで認められるところまで到達すれば、組織内の「上下関係」にとらわれない活動への道筋ができる。そうやって認められた新規事業で結果を出すと、それがまた自分の信用につながり、自分の裁量に任される領域が広くなる。

たとえば、最初に30万円までの決裁権限を与えられ、それで大きな成果をあげると、今度はその額が300万円になり、そこでまた成果を出すと次は1000万円の投資をしてもらえるようになる。それとあわせて、欲しい人材を雇える人事権も認められるようになる（ベンチャー企業のファンディングもこれと同じで、投資に対して成果を出すと次の投資額が増えていく。結果を出すことが信用を高め、次の投資につながっていくわけだ）。

そこまで到達できれば、社内を説得するまでもなく、自分に任せられた範囲内では比較的自由に事業を展開できるようになる。**ユーザー（すなわちマーケット）について圧倒的な知識を持つか、ユーザーから圧倒的に支持されるか**。そこを極めることができれば、組織のなかでより自由に動く突破口になりうる。組織内で個のタレントを磨くことが、未来のニーズを示す1つの方法になるのだ。

クラウドファンディングを正しく使う——組織の壁を乗り越える方法②

未来のニーズを証明するもう1つの方法——。それは、**クラウドファンディング**を有効に活用することだ。

パナソニックビューティの清藤さんのように、「ユーザーの代表」、「マーケットの代表」を目指す作戦は、個人の資質に左右されるところも大きい。その点、クラウドファンディングは個人の資質に頼らず、仕組みで組織の「上下関係」を乗り越え、未来のニーズを示す方法だと言える。

では、どうすればクラウドファンディングを有効に使えるのか。それには、クラウドファンディングの本質を正しくつかんでおく必要がある。

クラウドファンディングが単純にネットで資金を集めるサービスだと思うと、その本質を見誤ってしまう。このサービスの本質的な意義は、「**まだ存在しない商品に対するニーズを実際に確かめられること**」にある。

クラウドファンディングが存在していなかったころ、ある商品が売れるかどうかをどう推測していたのか。「ユーザーの代表」作戦はその1つの手だが、それ以外にはアンケートをとるぐらいしか方法がなかった。「こういう商品ができたら買いたいと思いますか？」と問いを投げかけ、その回答から未来のニーズを推測する。

だが、「買いたいと思う」のと、「実際にお金を払って買う」のとでは大きな違いがある。事前アンケートでは好評だったのに、いざ商品化してみたら現実には鳴かず飛ばずというケースはごく普通にありうる。また、世の中を動かすような真にイノベーティブな商品というのは、それまでどこにも存在していないわけで、アンケートで買いたいかどうかを聞くことにはほとんど意味がない。存在していないもののイメージをありありと描ける人などごく限られているからだ。

クラウドファンディングはもともと、新商品を開発・製造する資金を集める方法として誕生した。新商品のアイデアやプロトタイプ（試作機）をウェブサイト上で紹介し、それを欲しいと思う人にお金を出してもらう。アイデアの発案者や企業は、それを原資に商品の開発と製造を進め、完成品を出資者に送る。**出資（ファンディング）という形式をとっているものの、その本質は「予約販売」を募っているところにある。**

実際にお金を払ってもらっているところが、アンケートとの大きな違いだ。移り気なユーザーの「買いたい」という意思表示だけではなく、まだ存在していないものにお金を出して予約購入する。それは、新商品を開発する資金になるだけでなく、売れるかどうかわからない商品に、一定のニーズがあることの証明にもなる。つまり、テストマーケティングになるわけだ。この仕組みを有効に使えば、大きな組織で新規事業に取り組む際でも、上司や経営層を説得するたしかな材料になる。

ソニーのクラウドファンディング活用法

クラウドファンディングを有効活用している大企業の例として、ソニーの名を挙げたい。ソニーは、シリコンバレーを拠点に日本の大企業とシリコンバレーをつなぐ活動をしているベンチャーキャピタル（ＶＣ）の「ＷｉＬ（ウィル）」と合弁で、「Ｑｒｉｏ（キュリオ）」というベンチャー企業を立ち上げた。同社でスマホを使ってドアのカギの開け閉めをする「スマートロック」という新商品を開発し、２０１４年12月にクラウドファンディングでコンセプトモデルを紹介、１６５１人のサポーターから２５４５万３５００円を集めることに成功した。

この「Ｑｒｉｏ」の事例は、「チャレンジできる箱」づくりの好例といえる。

ソニーがソニーのブランドで新商品を出そうとすると、ブランドにふさわしい品質基準を満たすため、商品の市場への投入までに長い時間がかかってしまう。その間に、仮に新興のベンチャー企業に同様の商品を売り出されてしまえば、「マーケット」をすべて取られてしまいかねない。ソニーが自社のブランドを使わずに、外部のベンチャー企業との合弁事業で新商品を投入したのは、技術や人材など、大企業内に眠る優れたリソースを使い、それでいながら市場投入までに時間がかかる難点を回避するためだ。それによって、スピード感を失うことなく、大企業のリソースを十分に活用することができた。

さらには、クラウドファンディングという新しいサービスを使うことに対しても、大企業の意思決定プロセスを通すには時間がかかる可能性がある。社外の合弁会社を活用すれば、そのハードルも突破しやすくなる。大きな組織で新規事業をスピーディーに展開するには、「チャレンジできる箱」をつくるのが近道になるのだ。

ここまで、「ビジネスモデル」を組み立てるうえで、押さえておきたいポイントを見てきた。これがすべてではないが、エッセンスは十分に網羅したつもりだ。

「ビジネスモデル」は自分のミッションやビジネスの賛同者・支援者を得るためのコミュ

ニケーションツールであり、その柱は「マーケット」、「差別化」、「チーム」の3つにある。そこを外して細部にばかりこだわっても、賛同者や支援者を増やすことはできない。

逆に言えば、「ビジネスモデル」の肝を押さえておけば、自分のミッションをビジネスとして育てていきやすくなる。自らの思いが、取り組むべき仕事として育っていくのだ。

それが、この章で伝えたかったもっとも重要なポイントだ。

第3章　ビジネスモデルをつくる

ま　と　め

◆ビジネスモデルとは、ミッションからお金を生み出す仕組みのことである。ミッションが「登るべき山」なら、その「登り方」を指す

◆ビジネスモデルの3つの柱

①マーケット：その市場の規模と成長性はどうか？

②差別化：競合との差別化はできているか？

③チーム：メンバーの力や本気度は足りているか？

◆マーケットを探す2つのポイント

○ブルーオーシャンの幻想を捨てる

○「登るべき山」、つまりミッションの軸足をずらさない。変えていいのは、「登り方」のみ

◆組織のなかで思いと仕事をつなげるポイント

○自分と組織のマッチングストーリーをつくる

○失敗をプロセスに組み込み、「チャレンジできる箱」をつくる

◆「未来のニーズ」を証明する2つの方法

①マーケットの代表になる

②クラウドファンディングを活用する

第4章

ネットワークをつくる

「ストーリー」をひたすら語りつづけて人を巻き込む

「ネットワーク」の大切さを気づかせてくれた、浪人時代の出来事

僕が「ネットワーク」の大切さに気づいたのは、公認会計士試験を通じてだった。

不合格だった3度の試験、僕はなぜか「勉強は1人でやるもの」ということにこだわっていた。しかし、母親の後押しで4度目の試験に挑戦できると決まったとき、「今年こそ何がなんでも受かってやる」と、それまでのこだわりを捨てることができた。予備校で受験友だちを積極的につくり、先生のところにも質問や相談で押しかけるようになった。

振り返ってみて思うのは、「ネットワーク」を持つことが、苦しい戦いを勝ち抜くうえでいかに助けになるかということだ。

特に大きかったのは、同じ目標に向かう人たちの存在がメンタルの大きな支えになり、また有意義な情報源にもなることだった。合格した人と不合格だった人をよくよく見比べれば、合格した人ほど受験友だちが多く、個人戦を貫こうとした人はだいたい不合格になっていることにも気がついた。1人でメンタルを保ちつづけるのは並大抵のことではないし、情報量に関しても、仲間がいるのと比べたら1人が圧倒的に不利なのは明らかなこ

とだ。

ここまで何度か触れてきたように、ミッションを形にするために必要な資質は、「マインド」、「経営スキル」、「ネットワーク」の3つだ。「マインド」とは、ミッションに挑む心構え、熱意であり、「経営スキル」は主に「ビジネスモデル」を組み立て遂行する力のことを指す。それぞれ第2章と第3章で詳しく紹介してきた。

本章で紹介する「ネットワーク」は、ひと言でまとめるとするならば、**人を巻き込んでいく力**のことだ。ミッションを自分1人の力だけで達成するのはとても難しい。人の力を借りることで、ミッションを前に進めるスピードも上がり、さらには大きく育てていくことができる。ともにミッションに挑む仲間を集め、あるいは上司や経営陣の理解やサポートを得、あるいは投資家や金融機関から資金を集める。そのために必要なのが「ネットワーク」の力だ。

僕が自分のミッションであるベンチャー支援に本格的に取り組みたいと思ったのは、トーマツに入って1年ほど経った2007年の終わりごろのことだ。仕事の理想と現実の間で、もやもやが高まっていた。

僕は浪人時代の経験を踏まえ、ベンチャー支援という自分のミッションに挑むにあたり、まず「ネットワーク」づくりに力を入れた。その時点で、僕個人にベンチャー経営者の知り合いは誰一人いない。ミッションをわかりやすく人に語る力もなければ、「ビジネスモデル」のヒントさえ見えていなかった。ましてや、組織から業務として認められたわけでもなく、自分のなかにある熱意だけを頼りに、手弁当でベンチャー経営者のもとへ押しかけた。

監査法人に就職して間もない、監査の実務経験どころか実際のビジネスのことも知らないただの20代半ばの若僧が、自分のミッションを歩みはじめ、どのように「ネットワーク」を築いてきたかをまず簡単に紹介したい。

人脈づくりの「はじめの一歩」

1つのきっかけは、同じ部署の先輩がトーマツを辞めて起業したことにあった。

その先輩は、起業やＩＰＯ（新規公開）の勉強会や、ベンチャーの経営者が集まるイベントを開いては、そのたびに僕を誘ってくれた。

当時はまだ、SNSが日本に上陸しはじめたころのことで、今のように、フェイスブックやツイッターでイベント情報を手軽に知ることができるような状況ではなかった（ツイッターの日本語版が利用可能になったのは2008年4月、フェイスブックの日本語版は同年5月から利用可能に）。リアルな人とのつながりがなければ、「ネットワーク」を広げていくことなどできない時代だったのだ。部署の先輩がたまたま独立して起業するという幸運から、僕のベンチャー「ネットワーク」は少しずつ広まっていくことになる。

あるとき、先輩から誘われたイベントで、先輩がベンチャーキャピタル（VC）の人を紹介してくれた。

「僕、中学生のころに父親が会社を辞めて起業して、それから一気に家計が苦しくなった経験がありまして……。高校生のころに、企業の『参謀』として経営者を支援されている公認会計士の方がいることを知りました。それ以来、僕もそんなふうにベンチャー経営者の力になりたいと思って、公認会計士になったんです」

このような自己紹介をしたところ、その人は僕のことを面白がって、ベンチャーの世界がどういうところか、いろいろと教えてくれた。どんなベンチャーに投資をしているか、今注目のベンチャー企業はどこか……。そんな話を聞かせてもらい、僕のベンチャーへの関心と熱量はさらに強まった。それからしばらくは、どういうことをすれば会計士がベンチャーに対してバリューを出せるのか、そんな話を教えてもらいにその人のところに通うようになった。

何度かその人のところに通っていると、今度はその人が、VCの人たちが50人ぐらい集まる飲み会に呼んでくれて、そこからベンチャー関係者の知り合いが一気に増えた。

だが、そこで何かが急激に動き出したわけではない。むしろ、自分の力のなさを思い知らされることになった。

公認会計士の試験では、企業会計や経営について、ときには心身を病みそうになるほどみっちり勉強した。簿記や財務諸表に管理会計、会社法に経済学に経営学など、青春時代の6年間を費やしていたので、僕は経営についてはいっぱしの知識を身につけていると思っていた。

けれども、実際にベンチャーの現場で戦っている人たちの前では、自分が机の上で勉強してきたことはあまり役に立たなかった。僕としては、会計士ならではの知識を活かして会計処理や財務分析で力になりたいと思っていたけれど、それは創業間もない経営者が本当に困っていることではなかったからだ。

立ち上げ期のベンチャー経営者が抱える悩みというのは、大きく3つに集約される。1つはどう売り上げをつくるかということ、これがいちばん大きな悩みで、経営者の頭のなかの7割ぐらいを占めている。残りの3割は、資金と人をどう集めるかが半々ぐらい。それに応えられる知識も経験も人脈も、20代半ばの僕は何も持ちあわせていなかった。ベンチャー関係者と知りあうという最初のハードルは乗り越えることはできたものの、仕事の面ではまともに相手にされていなかったのが実情だった。

はじめは「質」を追わずに「数」を追うべし

それから僕は、平日夜と土日の時間を使って、大きく2つのことに力を入れた。

1つは、自分の無力さを感じながらも、それでも人と会いつづけることと、もう1つは、自分に足りない知識を徹底して勉強することだった。

人と会うことにこだわりつづけたのは、せっかく出会えたベンチャーの世界の人たちとのつながりを一度限りで終わらせては、次のチャンスがいつ訪れるかわからないと思ったたからだ。そのために僕は、平日夜や土日に、人が集まる飲み会やイベントに参加し、自分でそうした場を主催するようにもなった。

そのころに言われた言葉で、今でも印象深く覚えていることがいくつかある。

そのうちの1つは、ある飲み会で知りあった証券会社でＩＰＯを手掛ける営業マンから言われた言葉だ。

「将来のために人脈をつくりたいなら、最初の1年は質を考えちゃダメだよ。ともかく数を追わなきゃ。どんな人でもいいからとにかく会いまくる。そのうち、人を見極める力もつくようになるし、自分にとってどういう人が必要かも見えてくるようになるから」

僕がひたすら人に会いつづけたのは、この人に言われた言葉の影響も大きかった。

最初の何か月かは、平日の夜、ほとんど毎日のように飲み会の予定を入れた。

ベンチャー関係者が集まる飲み会だけでなく、とにかく人と会うために異業種交流会にも足を運んだ。昼間はクライアント企業で監査の業務をこなし、夜になると毎日のように大勢の人と会って話して飲む。

そんな日々を続けると、名刺が飛ぶように消えていった。内勤の多い新人の会計士が、それほどの名刺を消費することはまずない。それなのに2、3か月ごとに、名刺を5箱も

6箱も頼むものだから、上司や総務からは「あいつは何をしているのか」と、不審がられていたのではないかと思う。

異業種交流会では、怪しい人たちともずいぶん会ったし、痛い目に遭いそうなこともあった。名刺を見てはじめて知った社名も多かったし、名刺の肩書きを見ても何をしているかよくわからない人もいた。

一度、そういう場でベンチャー経営者だという人と会ったこともある。話が感動的で面白く、IPOも考えているという。これは経営者の力になれるかもしれないと思い、親しい先輩に頼んで、一緒に会社を訪ねる機会を持った。

「今の会社、すごかったですね。やっぱり会社を立ち上げる起業家って、みんな熱い人が多いんですね。僕、感動しちゃいました」

ひととおり話を聞き終え、訪問先を後にした道すがら、僕は興奮を抑えきれず先輩に話しかけたことを覚えている。だが、後々わかったことによると、その経営者の話には実体がなく、数か月後にはその会社は消えてなくなっていた。

そういう冷や汗ものの経験も何度かして、少しずつ人の輪を広げていったのだ。

イベントは「参加」するより「主催」すべし

そのうち、誰かが主催する飲み会に参加するだけでは飽き足らず、自分で飲み会やイベントを企画するようにもなった。

150人規模のフットサル大会を主催したことが何度もある。そのころフットサルがベンチャー業界で流行っていたのに目をつけ、これはいろんな人と連絡をとれるチャンスだと、自分で大会を企画したのだ。フットサルなんて、自分はほとんどやったこともないのに……。

当時の僕にはベンチャー経営者を「支援」する力など何もなかったけれど、これだけ人が集まれば、参加する側にとっても人脈を広げるきっかけになる。こうしたイベント企画を通じて、少しずつネットワークを広げていった。

このときの体験が、今も大きな財産になっている。今振り返って思うのは、人脈をつくりたいなら、自分で何かを主催するのが近道だ、ということだ。

主催する企画は、ミッションに直結するものならベストだが、僕が飲み会やフットサル大会を開いていたように、必ずしもそうである必要はない。どんなイベントや人の集まりでも、主催者として人の輪の中心として動いていると、その場に集まってきた人たちは自分のことを少しずつ信用してくれるようになる。**「オーガナイザー」としての役割が自分の価値を高めてくれるし、参加者と連絡をとることで人間関係も少しずつ構築されていく。**

人とひたすら会うのと並行して、自分に足りない知識の勉強にも力を入れた。

創業間もない経営者が直面する大きな悩みは、売り上げをいかに増やすかと、資金集め、そしてチームづくりの3つに集約される。まずはその3つに応えられるようになろうと、マーケティングや資金調達、組織論などの本を読み漁り、徹底的に勉強した。

忙しい経営者は、専門書を深く読み込むような時間はなかなかとれない。机上の勉強と実践には大きな開きがあるとは承知のうえで、経営者が考える材料だけでも提供できるようになろうと、さまざまな本で最新の事例や経営理論を学んだ。

勉強してきたことを飲み会の場やフットサル大会の合間で話すと、耳を傾けてくれるベンチャー経営者が少しずつ増えてきた。次第に、わざわざ時間をつくって「今度話し相手になってよ」と話を振ってくれる人も現れた。

これまでも何度か触れてきたように、ミッションなりビジネスモデルなりを人に話すことは、自分の頭のなかを整理することにもつながる。経営者というのはたいてい孤独で、1人で考えて1人で結論を出さなければいけないことが多い。さらに、たいていは自社のことで手一杯で、競合や他業種を比較して自分を客観視するのも難しい。

そういう状況にあるところに、ベンチャー支援に興味もあり、そこそこ勉強もしていそうな若僧が目の前にいる。第三者の意見も踏まえ、自分の考えを整理する「壁打ち相手」として、少しずつ重宝がられるようになっていったのだ。

ありがたいことに、こうした「壁打ち」のアポはだいたい土日に設定された。ベンチャー経営者ともなると、みな平日の日中は仕事に駆けずり回っている。彼らは土日を落ち着いて考える時間に充てていて、いわば思考実験の練習台に僕が駆り出された、というわけだ。

infoメールと代表電話で直撃アポ

ベンチャー経営者と直接話す経験を積み、少しは経営者の役にも立てるという自信がついてきた。そうなると僕は、さらに大胆な行動に打って出ることにした。リアルでの知り合いだけでなく、平日の隙間時間でメールや電話でのアポ取りにも挑戦しはじめたのだ。浪人生時代、会計士予備校のダブルスクール代を稼ぐためにテレアポのバイトを経験していたことも、僕を少し強気にさせた。

ベンチャー企業のウェブサイトを見つけては、「ｉｎｆｏ」のアドレスに次のようなメールを送る。

――監査法人トーマツのベンチャー支援部門にいる斎藤と申します。ぜひ一度お話しさせていただけないでしょうか。

こんな感じの軽めのメールをまず送り、少し間を置いてたたみかけるように代表番号に電話をかける。ところが、これがまた驚くほど相手にされなかった。

ほとんどは、まともに取りあってさえくれない。「忙しいので」、「監査は間にあってますから」と、体のいい理由で断られるのが大半だった。

監査法人の慣例として、経営者と対面して監査の契約をとってくるのは、「パートナー」と呼ばれる経営層の仕事だ。それなのに、役職づきでもない一介の会計士から営業電話がかかってきたとあっては、監査法人の実情を知っている人にとっては怪しいことこのうえなかったに違いない。「トーマツベンチャーサポート（ＴＶＳ）です」と名乗れば、ほとんどのベンチャー企業がアポに応じてくれるようになった今とは雲泥の差だ。

ときには、「ベンチャー支援って、何をやってくださるんですか?」と聞き返されることもある。これは脈があるぞと、勉強したことを活かすべく、「マーケティングと資金調達についてご相談に乗れます」と答えると、「それは別に困ってませんので」と、こちらを値踏みするような対応に出くわしたことも少なくない。

それでもなかには、アポに応じてくれる経営者もいた。10件のアポ取りの連絡で1人と会えるかどうか。今になってわかるのは、ベンチャー経営者はかなりフランクにアポに応じてくれる。それなのに、打率が1割に届くかどうかというのは、僕の立場やアポ取りがよほどわかりにくかったのだろうと思う。本書でここまで、「ミッションやビジネスモデルをわかりやすく人に語ろう」と繰り返してきたのも、自らの痛烈な反省を踏まえてのものなのだ。

せっかくアポに応じてくれるというとき、困ったのはスケジュール調整だった。平日昼間は僕に監査の仕事があり、アポの候補日を挙げられても、まったく調整できなかった。平日夜の遅い時間や土日でアポをお願いすることがあり、そんな対応も、先方からすれば失礼きわまりないものだったのではないかと思う。

ちなみに、監査法人の業務は企業の決算期を終えてからが劇的に忙しくなる。3月末に会計年度を締め、4月、5月が繁忙期中の繁忙期だった。その間は休日出勤も珍しくなく、その分、監査が一段落すると平日に代休を取ることができた。それは「トーマツ休日」などと呼ばれていたのだけれど、そういう日が僕には狙い目だった。いつ休みを取れそうだと目処が立つと、その日にアポを10件近く固めて入れたものだった。

訪れた最初の転機

手弁当でのベンチャー行脚を始めて2年ほど経った2009年、ようやく目に見えてわかる成果が少しずつ出はじめた。きっかけは、僕より3つ年上の、日本経済新聞の若手記者と出会ったことだった。

その記者は、僕が業務時間外でベンチャー企業を回っていることに共感してくれて、僕の活動を後押ししてくれた。

「面白いベンチャーがあるんですよ。今度僕が行くときに、一緒に行って取材してみませんか？」

そう誘うと、僕のベンチャー訪問に付き合ってくれるようになった。そのうち、一緒に訪ねたベンチャーの記事が日本経済新聞や日経産業新聞に出るようになる。これは、知名度が高まり、売り上げ増にもつながって、経営者からものすごく喜ばれた。日本経済新聞の記者を紹介できて、一定の確率で記事が載るようになると、ベンチャー経営者とのつながりは広く太くなっていった。

もう1つありがたかったのは、大企業で決裁権を持った経営者クラスの人たちを紹介してくれたことだ。みな、自社の生き残りに強い危機感を持っていて、自社でも新しいことを始めなければという気概を持っていた。面白いベンチャーの話をすると、「会ってみたい」と言う人もいた。そこから大企業とベンチャーの提携が生まれたこともある。

同じころ、僕の人脈づくりも少しずつ実のあるものになってきていた。ベンチャー支援に関心のある弁護士や弁理士、税理士や司法書士といったプロフェッショナルの方々ともつながりができ、彼らをベンチャー企業に紹介できるようになったのだ。彼ら彼女らはリーズナブルな価格でベンチャーの仕事を引き受けてくれるようになり、それも経営者たちから喜ばれるようになる。

こうしてメディアや大企業、プロフェッショナル人材をつなぐことができるようになり、手弁当で始めた自分の活動も、次のステージに入ったのを自分でも実感した。小さな成果が少しずつ出てきたのを、組織内でも知る人が現れはじめた。結果的にこうした小さな成果を積み重ねていったことで、TVSの立ち上げメンバーというチャンスが巡ってきたのだと思う。

今TVSでは、販路拡大・PR支援・資金調達・支援人材紹介（プロフェッショナル人材紹介）・海外進出支援・採用サポートの、大きく6つのベンチャー企業支援メニューを展開している。これらはすべて、数多くのベンチャー経営者に会い、実際のニーズを聞いていってつくりあげたものだ。このうち販路拡大、PR支援、支援人材紹介は、手弁当で活動していた2009年ごろにサービスの原型ができていた。

ベンチャー経営者の話を聞けば聞くほど、既成の会計士の概念だけではベンチャー支援は難しい、そう思っていたところに、TVS立ち上げの声がかかった。新しい会計士の形を模索していた僕にとっては、まさに渡りに船。そこから、ベンチャー企業を支援するという僕のミッションは、いよいよ本格的に動き出すことになった。

数を価値に転化させ、「外」にレバレッジをかける

「ネットワーク」を広げていくには、最初は「**質を追わずに数を追う**」のが結局は近道になる。

最初から質を求めようと思っても、目利きの力も足りないと相手の善し悪しを見抜けないし、自分のミッションやビジネスモデルの語り方が未熟なら、いい人に出会えてもその人の心をつかめない。

まずは質を選ばず1人でも多くの人に会い、自分の目を鍛え、ミッションやビジネスモデルの語り方を磨いていく。自分自身や周りの人たちを見ていても、だいたい1年ぐらいかけると、自分なりの「ネットワーク」ができてくる。

「ネットワーク」というのは、「外」だけでつくるものではない。組織の「内」での人脈づくりも、組織を動かしていくには重要だ。

組織の「内」で「ネットワーク」をつくる手っ取り早い方法は、有志を数人集めて社内で勉強会なりイベントを開くことだ。競合の動向を研究するとか、外部講師を招いて講演

会を開催するとか、名目はなんでもいい。そういう場には、部門や階層の垣根を越えて、同じ問題意識と熱量を持った人が集まってきやすい。組織のヒエラルキー、ツリー構造を超えた人脈を「内」に持てれば、自分のミッションを前に進める力になる。

ここでも重要なのは「**オーガナイザー感**」、自分で勉強会やイベントを主催することだ。活動の輪の中心を担うことで、周りから信頼を集めやすくなる。取りまとめの実務を担うことで、関わった人との人間関係もつくりやすい。社外のイベントに出かけていく勇気やきっかけがない人は、まずは「内」での活動から始めてみることをお勧めしたい。

だが、組織に属している場合でも、「外」の視点は忘れずに持つようにしたい。「外」に「ネットワーク」を持っていると自分の価値を大きくしやすいからだ。

「外」はさまざまな形で設定することができる。たとえば、コンサルティング業界では、国内だけで完結する案件よりも、海外が絡むとそれだけで単価が上がる。言語や現地のネットワークの有無が障壁になって、できる人が減る分、価値を高めることができるのだ。

あるいは、トーマツにおけるTVSのように、クライアントの大半が大企業という組織において、とにかくベンチャーに詳しい人やチームがいると、それだけで大きな価値になりうる。つまり、大企業の「外」に出ていくわけだ。

「外」でリアルな人とのつながりをつくれるのがベストだが、フットワーク軽く動きまわるのが苦手という人は、「外」の情報を徹底的に集めるだけでも差別化しやすい。たとえば、トーマツのなかではベンチャーの情報を追いかけている人は限られていた。ベンチャー専門のメディアを読みこなすだけでも尖った価値を持つことができたのだ。

自分だけの「ラベル」で相手の心をつかむ

他の人にはない自分だけの特殊技能は、自分の価値を高める武器になる。それをわかりやすく面白く「ラベル」づけできれば、武器の効果はなおさらだ。「ネットワーク」をつくる際も、**インパクトの強い「ラベル」があれば、自分の話を聞いてもらいやすくなる。**ミッションやビジネスモデルを語る際、「Ｍｙ」、「Ｏｕｒ」、「Ｎｏｗ」の要素を盛り込み、ストーリー仕立てで熱量高く話せることも重要だが、ストーリーを語るにはそれなりの時間がかかる。忙しい相手に話を聞いてもらうには、最初の印象で「面白そうだ」と感じてもらえるかにかかっている。

かく言う僕は、最初は自分の「ラベル」づくりに苦労した。「ベンチャー支援をしたい会計士」というだけでは相手の心に届きにくい。相手の心に刺さる「ラベル」のポイントが少しずつ見えてきたのは、場数を踏みつづけてきたからにすぎない。自分のスキルや人脈が増えてきて、相手に提供できるものも増えたのだ。

「ベンチャーを100社以上見てきたので、いろんな事例をお話しできます」

「メディアや大企業も紹介できます」

こんなふうに話をできるようになってから、多くのベンチャー企業の経営者が、僕の話に耳を傾けてくれるようになった。このとき重要なのは、「自分が相手に何を提供できるか」を強く考えることだ。そのためには、相手のニーズや関心がどこにあるかをつかむことにも意識を向けたい。

TVSではチームの目指す姿として「ミッション志向の異能集団」を標榜しており、それに違わぬユニークな人材が集まりはじめている。そのなかの1人に、イスラエルのベンチャーと日本の大企業をつなぎ、イノベーションを起こそうとがんばっているメンバーがいる。

彼は高校生のころから世の中に貢献したいという強い思いを抱き、これからは水資源の確保が地球規模での課題になると感じ、高校を卒業してすぐ、水の浄化や海水の淡水化技術に長けたイスラエル工科大学に留学した。イスラエル工科大学は、今やＭＩＴ（マサチューセッツ工科大学）と並ぶ、イノベーションのメッカと言われる大学だ。在学中にイスラエルの起業家たちとネットワークを築いて日本に帰国、コンサルティング・ファームを経てＴＶＳに加わってくれた。その彼には、わかりやすく「イスラエル担当」という「ラベル」をつけて人に紹介すると、ほとんど百発百中で食いついてくる。

「ラベル」とは要するに自分の見せ方の問題だ。奇を衒《てら》うばかりで中身がないのは問題外だが、引きの強い「ラベル」のあるなしで、その後の話の広がりや深まりは大きく変わる。

そうした「ラベル」のヒントは、自分自身の内にあることが多い。「原体験」を探るように、自分がこれまでやってきたことを振り返り、人には負けないポイントを探してみる。それを手を替え品を替え話しているうち、何が相手に刺さるか見えてくるはずだ。さらに、相手によっても何が刺さるかは変わってくるから、いくつかのパターンを持っておくといいだろう。

人を巻き込む「伝え方」の技術

人を巻き込んでいくためには欠かせない、「伝え方」の技術がある。

これは、僕が自分の「ネットワーク」活動を通じて得た経験則だ。最初はベンチャー経営者から相手にされず、怪しがられたところから始まり、それでも何度も何度も人に会いつづけ、泥臭く身につけたものだ。

「伝え方」の技術の肝は、相手に寄り添って話す、ということに尽きる。

言葉を換えれば、相手のニーズや関心がどこにあるか、つまり、相手の立場や属性から思考のフレームワークを読み解き、それに沿って話をするということになる。これは、一対一での会話だけでなく、プレゼンや事業活動の広報などにも共通するポイントだ。

なぜ、相手に寄り添って話すのが重要かというと、答えは簡単。端的に言って、ほとんどの人は自分にしか興味がないからだ。

話し手（あるいは書き手）は、自分のことを伝えようとするのに躍起になりやすく、一方で聞き手（あるいは読み手）は、自分とは関係がないと思ったら、残酷なほど話に耳を傾けない（読まない）。言ってしまえば身勝手な聞き手（読み手）に、こちらの話を伝えようと思ったら、話し手（書き手）も身勝手なままではダメなのだ。相手の興味や関心、困りごとは何なのかを把握し（あるいは推測し）、それに寄り添って話そう（書こう）という心構えがなければ、伝えたい話もほぼ確実に届かない。

ミッションやビジネスモデルのところで、ストーリーを語る「Ｍｙ」、「Ｏｕｒ」、「Ｎｏｗ」の３つの視点について触れた。このフレームに即して言うと、話し手（書き手）と聞き手（読み手）を１つにつなぐ「Ｏｕｒ」の視点がなければ、話を聞いて（読んで）さえもらえないということだ。

相手に寄り添って話すために、まず重要なのは、話す（書く）前に、聞き手（読み手）はどういう人たちなのかを把握しておくことだ。

ベンチャーの話をベンチャー経営者にするのと、社会人経験のない学生にするのとでは、話すべき内容や順番が変わってくるのは想像がつくだろう。つまり、話す相手に応じて、話の中身や言葉遣いを変えることが基本となる。そういう意味では、**「伝える」ためにいちばん重要なことは、「伝える」作業そのものよりも、その前の「準備」にある**とも言える。

では、相手の立場や属性がつかめたとして、伝えるときに何をどう気をつけるべきか。

まず押さえておきたいのは、相手が理解できて関心を持てる言葉で話すということだ。専門用語や業界用語を安易に使ってはいけないのは言うまでもない。伝えたいことをきちんと伝えるためには、相手の頭のなかにある言葉に翻訳する。

さらに重要なのは、話の冒頭、要するに「つかみ」だ。聞き手（読み手）の心を捉えるわかりやすい「フック」を冒頭に必ず置くようにしたい。

たとえば、大企業にしろベンチャー企業にしろ、独自の技術を持つ場合、プレゼンでは、往々にして技術のすごさを語るところから始めがちだ。だが、それだと聞き手の関心にははまりにくい。

この場合、技術が「差別化」要因になるのは事実だとしても、技術を話の「つかみ」に持ってきてはいけない。技術がもたらす価値や、技術が解決する社会の課題にフォーカスするのが、いい「フック」をつくるポイントだ。

プレゼンをより伝わるものに変える3つのポイント

プレゼンにも、使える技術がある。ここでは3つ、紹介しよう。

まず、プレゼンというとそれだけで緊張する人が多いけれど、緊張を和らげるいい方法がある。

そもそもの話、なぜプレゼンで緊張するかというと、それは「多くの人に見られている」と思うからだ。

だとすれば、その状況に対する捉え方を変えればいい。「見られている」のではなく、「自分が壇上から多くの人を観察している」と思ってみる。それだけで気持ちがぐっと楽になるはずだ。

僕も昔はプレゼンのたびにひたすら緊張していたけれど、どこかで誰かからそんなアドバイスをいただいて、実際に試してみたら、それだけで本当に気が楽になった。プレゼンに苦手意識がある人は、自分が主体になって、**聞き手の表情や反応を観察する**よう心がけてみてほしい。

2つ目のポイントは、上手に話そうと気負わずに、**思いを解放するように話す**ことだ。たとえば、英語の語彙や文法は拙くても、なぜか伝わる英語を話す人がいる。そういう人に共通するのは、言葉に思いを乗せて話していることだ。大事なところは抑揚をつける。二度三度言う。

感情を込めて話すのが苦手な人も、大事なことを二度三度話すことを意識すると、それが自分にとっても「大事なことを話す」スイッチになって、次第に言葉に思いが乗るようになるはずだ。

3つ目は、「伝え方」というよりもプレゼンを乗り切るためのテクニックだ。

これまで多くの人のプレゼンを見てきたけれど、自分のプレゼンはほぼ完璧なのに、質疑応答でボロが出たり答えに詰まったりして印象が大きく下がってしまう人が少なくない。重要な場面のプレゼンで、尻切れトンボの印象を与えるのはぜひとも避けたい。

プレゼンの本編は、ある意味では自分の視点だけで語ることができる。意図的かどうかはともかく、見せたくない情報は触れずに済ますこともできる。だが、重要なプレゼンになればなるほど、聞き手も百戦錬磨の猛者となる。触れるべきことが語られていなければ、容赦ない突っ込みが入る。その質問が、本人がまったく想定しないものであれば、プレゼンに慣れた人でも、その場でさらりと答えるのは難しい。

それを回避するためのテクニックとして、聞き手が気になりそうな情報をあえて本編ではぼかすことで**「突っ込みどころ」を残す**、という方法がある。そうすることで、事前に用意しておいた回答やスライドで、厳しい質問攻めをかわすことができる。

メディアを味方につけて「ブーメラン効果」を

「伝え方」の技術の応用編として忘れてはならないのが、メディアに対するPR（広報）の技術だ。

メディアの共感を得られれば、不特定多数の人たちに一気に思いや情報を届けることができる。そういう意味で、PRの技術を備えていると、「ネットワーク」を広げる大きな助けになる。

PRの技術も、基本的なところは「伝え方」の技術で紹介したことと変わらない。相手の立場になって話す（書く）ことはまったく同じだけれど、メディアの場合は、その「相手」がメディアそのものの立場と、メディアの向こうの不特定多数の人と、2つのレイヤーに分かれるのが特徴だ。

まず、自分たちの事業をメディアで取り上げてもらうには、メディアで取材する立場の記者の方々に、意義や面白さを感じてもらえなければ始まらない。

ではどうすれば、メディアの人にそう思ってもらえるのか。そのヒントになるのが、「イノベーション・ジャーナリズム」というメディアの記者が持っている考え方だ。社会を変えようと挑んでいる人について記事や番組をつくることで、世の中を動かす後押しをする。それがメディアで働く人の本質なのだと、あるメディアの記者から聞いた。

それを踏まえて考えると、社会のトレンドのなかで事業に意義を見出してもらえるかどうか、つまり、事業の「ソーシャル・インパクト」の大きさが、記者のアンテナに引っかかるかどうかの最初のポイントになる。記者が見たときに、「この人や事業を応援したら世の中がよくなる」と思ってもらえることが大事ということだ。

そのためには、ミッションやビジネスモデルを明確にし、「Ｍｙ」、「Ｏｕｒ」、「Ｎｏｗ」の視点を盛り込みストーリーを組み立て、「何をしたい事業で、どこがイノベーティブなのか」を短い言葉で説明できるようにしておきたい。短い言葉で話すのは、最初に会ったときに関心を持ってもらえなければ、それで関係が終わってしまう可能性もあるからだ。

記者の関心が得られたら、今度はメディアの向こうにいる不特定多数の人に言葉を届けるために、マス（大衆）の人が理解できる言葉で事業を語れるようにしておくことも重要だ。業界用語や専門用語を使うのはもってのほかで、事業をわかりやすい言葉でたとえるのをはじめ、予備知識がない人でもわかる言い回しを考えておきたい。

実は、メディアに取り上げられる利点は、組織の外で「ネットワーク」をつくりやすくなるだけではない。組織のなかで始めた新規事業に対し、組織のなかで基幹業務に取り組む人たちからも理解を得やすくなる。それを僕は「**ブーメラン効果**」と呼んでいる。

実際、２０１０年秋にＴＶＳが立ち上がってしばらくは、僕はトーマツ内で「変人」的な存在で、仲間を見つけるのは難しかった。それが、大きく変わったのが、２０１２年の秋。ＴＶＳと僕の名前がはじめて日本経済新聞に掲載されてから、組織内の理解者や応援者が着実に増えはじめたのを実感した。

組織のなかにいるといろいろな立場やしがらみがあり、新規事業への評価もそのフィルターを通してのものになりがちだ。それが組織の外からだと、偏見なくその事業の善し悪しを判断しやすい。そのため新規事業の評価は、結果さえ出していれば、往々にして外のほうが先に上がりやすい。外の評判がなかの人間の評価や態度を変えるきっかけになるわけだ。それがメディアからの評価であれば、ましてや日本経済新聞のようなブランド力のあるメディアであれば、「ブーメラン効果」も大きくなる。

組織のなかで新規事業に取り組むときこそ、PRを本社広報任せにするのではなく、広報も巻き込みつつ自分たちで取り組むように努めること。それこそが、自らのミッションを後押しし、「Jカーブ」を乗り越えるきっかけとなるのだ。

第４章　ネットワークをつくる

ま　と　め

◆ネットワークとは、人を巻き込んでいく力のことである

◆人脈づくりの「はじめの一歩」

○はじめは「質」を追わずに「数」を追う

○イベントは「参加」するより「主催」する

○人に会いにいくのが苦手な場合は、組織のなかで一番詳しいと自信を持って言える分野を１つつくる

○ミッションから自分だけの「ラベル」をつくり、相手の心をつかむ

◆人を巻き込む「伝え方」のポイント

○相手に寄り添う「Our」ストーリーを用意して「フック」をつくる

○「観察しながら話す」「思いを解放する」「あえて『突っ込みどころ』を残す」の３点でプレゼン力を磨く

◆社外の人やメディアを巻き込んで味方につけると、「Jカーブ」を乗り越える「ブーメラン効果」を期待できる

第5章

チームをつくる

ミッション志向の仲間を集めて加速度的に成長する

1人だと「変人」、5人になると「文化」になる

僕はトーマツという大手監査法人のなかで、手弁当でベンチャー支援という自分のミッションを孤独に歩みはじめた。そのミッションが育ってきたことを実感できたのは、TVS（トーマツベンチャーサポート）にメンバーが2人、3人と増えてきて「チーム」ができてきたときだった。

TVSが休眠状態から再び立ち上がったのは2010年秋。そこに、メンバーが増えはじめたのは2012年夏のことだ。それまでの間、新規事業に対しては組織内からの反発も多く、その苦労にも1人で耐え、ベンチャー経営者に喜んでもらえたときも、その嬉しさを分かちあえる仲間もほとんどいなかった。

その間、メンバーを増やすことができなかったのは、大手監査法人ならではの事情がある。

監査法人には、法律上、公認会計士の独占業務である「監査」という揺るぎない本業がある。それがトーマツという大きな組織を支える紛れもない屋台骨の事業であり、そのた

めに、監査事業こそ会計士のメイン事業だという文化があった。

最近では、会計士の資格を持ちながらさまざまな仕事をする人が増え、以前と比べて文化が多様になってきた。だが、僕がＴＶＳでの業務を始めたほんの5年ほど前までは、入社数年で自ら監査を離れる会計士はきわめて稀な存在だった。そのために、僕は組織にとって浮いた存在、いわゆる「変人」だったのだろう。

苦しい状況で、最初に現場のメンバーに加わってくれたのは、もともと独立志向を持っていた1つ年下の後輩だ。

「辞める覚悟があるぐらいなら、ＴＶＳで僕と一緒に、ベンチャー支援の新しい仕組みをつくっていこう」

そうやって、どうにかこうにか口説き落としたのが、「チーム」の最初のメンバーだった。

僕としても、監査の王道に誇りを持ち、ずっと監査をやっていこうと思っている人に、ベンチャー支援の誘いの声をかけても、仲間になってもらうのは難しいだろうと考えていた。監査を離れる心づもりがある人に、ベンチャー支援という新たな選択肢を示してリクルーティングしたのだ。

トーマツを辞めるかTVSに来るか――。その二択を迫るぐらいの熱量と勢いで、僕は彼に猛アタックした。

1人が2人になると、それまで僕を遠巻きに見ていた人たちの目も少しずつ変わりはじめた。それから1年くらいかけて、3人目、4人目と少しずつメンバーを増やし、TVSの現場部隊は5人の「チーム」になった。

そのとき、監査が王道だった組織のなかに、小さく、でもたしかに、ベンチャー支援という新たな「文化」ができた。少なくとも、僕自身はそう感じていた。

組織内の問題がゼロになったわけではない。人が増えたことで新たに直面した苦労もあった。

それでも、僕には同じ「チーム」の仲間がいて、そこに「文化」がある。

そう思えば、「僕はこのままベンチャー支援を続けていける」、「TVSをここからさらに育てていける」と、大きな確信が芽生えた。

それから4年ほどが経ち、TVSのメンバーは東京だけで50人、日本と世界の各地に100人超のメンバーがいる。ずいぶん大きな「チーム」になった。

変わったのは規模だけではない。名立たるコンサルティング・ファームやシンクタンク、自治体や官庁でエース級の活躍をしていた輝かしい経歴と力を持った人たちが、「一緒にベンチャー支援をしたい」、「イノベーションを起こす新たな仕組みをつくりたい」と、向こうからもやってきてくれるようになった。少しずつだが、才能ある人を呼び寄せる魅力を持つチームとなってきたと言えるのかもしれない。

今やTVSは、「ミッション志向の異能集団」だと自負している。ほんの数年前までメンバー集めに苦労したことがウソのように思えるほどだ。

僕はTVSで、いくつものプロジェクトをさまざまな人たちと立ち上げてきた。プロジェクトメンバーを集め、いくつもの「チーム」をつくってきたわけだ。それにはTVSの立ち上げ期の苦労や反省も活きている。ご縁をいただいたベンチャー企業や社内起業家の人たちの事例からも多くを学ばせていただいた。

こうした経験を通じ、**メンバーを集めて「チーム」をつくる僕なりの方法論**を培ってきた。次節以降で、そのノウハウを紹介していこう。

最初のメンバーをどう探すか

「チーム」のメンバー集めの出発点は、ここでもやはり、自分のミッションをストーリーで語れるようにすることだ。「My」、「Our」、「Now」の視点を押さえて、熱量高く自分のミッションを語って口説いていく。

最初の一歩は、「ネットワーク」を広げていく感覚で、知り合い相手に自分のミッションを語ってみるのがお勧めだ。

共感力のあるストーリーを語れると、連鎖の輪は確実に広がっていく。その人自身が「チーム」のメンバーにはならなくとも、興味のありそうな人を紹介してくれることもある。反対に、話にいまひとつ共感してもらえないようであれば、どこが伝わりにくいかフィードバックをもらうようにするといい。そのあたりのポイントは、前章で触れた「伝え方」の技術も参考にしてほしい。

ストーリーを面白くわかりやすくするのが、人を口説き落とす「**確率**」を高める方法だとすると、とにかく大勢の人に会って自分のミッションを話すことは、「**打席数**」を増やすことにつながる。そうすれば、仮に成功率は低くとも、どこかで仲間になってくれる人と出会うことができるはずだ。

僕のトーマツの後輩で、この手を使って会社を立ち上げる創業メンバーを見つけた人がいる。彼は、金融とＩＴを融合させた「フィンテック」の分野での起業を目指していた。1年ほど、ネットで見つけられるすべての「フィンテック」関連のイベントや勉強会に参加し、そこで自分のミッションを語って、共感できる仲間を見つけて起業にまで漕ぎつけたのだ。

いくら打席数を増やすとはいえ、効率は考えるべきだろう。彼のように、自分のミッションと関わりのありそうな場に足を運び、まず「ネットワーク」をつくる。それが、「チーム」のメンバー集めにつながっていく。

今では、僕が自分のミッションを歩みはじめたころとは比べものにならないほど、さまざまなイベントの情報がネット上でオープンになっている。その分、ミッションへの共感者も見つけやすくなっているはずだ。勇気を持って足を運んでみてほしい。

出会いを誘発する良質な「コミュニティ」

前の章でも見たように、イベントや勉強会を自分で「主催」すれば、「ネットワーク」をより効率的に広げることができる。僕のように、はじめはフットサル大会でもいいかもしれない。自分のミッションと直結するものならなおさら効率は上がる。

いきなりネットでオープンにイベントを開くのに抵抗がある人は、組織のなかでイベントを開くという手もある。同じ部署の身近な人たち数人規模でもいいから自分で勉強会を「主催」してみる。そうすると、自分と興味や関心が似ていて、問題意識の高い人が次第に集まってくるはずだ。

大きな組織にいる人は、自社の看板を活用し、そこに外部の人を巻き込むことも考えてみてほしい。

大企業や官公庁のネームバリューがあれば、外部の人でも講演を引き受けてくれる可能性が高い。大きな組織は意思決定に時間がかかり、組織のしがらみも多いのはある程度は仕方がないとして、その分、大きな看板は信用や交渉力にもつながる。

自分でこうした勉強会を継続的に開いていると、興味や問題意識を同じくする「コミュニティ」ができてくる。そこには価値観の似た人たちが集まってきているわけで、ミッションに共感してくれる人を見つけやすいはずだ。

ベンチャー企業の創業者からは、こんな話を聞いたこともある。勉強会やイベントを毎週朝7時から設定し、半年間参加しつづけた人がそのまま創業メンバーになったというのだ。ほぼ始発で家を出ることになる、朝早い時間の勉強会。中途半端な思いの人は、どんどん脱落していく。それを乗り越えた本気度の高い人とは、思いを共有しやすい。**良質な「コミュニティ」が、ミッションをともにするメンバーと出会う場になるのだ。**

実は、ＴＶＳでも似たような手法を実践している。

たとえば大企業から新規事業の開発支援を依頼された場合、まず新規事業に関心と本気度の高い人の「コミュニティ」づくりを手掛けることから始める。わざわざ業務時間外に、熱量の高い起業家を呼んで講演会や勉強会を開く。それを何度か続けると、毎回参加する人どうしがつながって「コミュニティ」ができてくる。所属部署や年齢もさまざまな、新規事業開発を目的とした「コミュニティ」だ。

そこまで到達すると、次の段階が見えてくる。できあがった「コミュニティ」をいくつかのチームに分け、そこでビジネスアイデアを考えていく。そして、「ビジネスモデル」をつくりあげ、社内公募制度を利用して会社に事業を提案する。取締役会でプレゼンを実施し、そこで認められたアイデアは事業化フェーズに入る。そうした一連の流れをＴＶＳで支援している。

このときカギを握るのは、最初の「コミュニティ」づくりだ。いいメンバーが集まってくれば、いい「ビジネスモデル」が生まれる可能性が高い。参加するハードルを高めに設定すると、関心と本気度の高い人を集める「フィルター」にもなる。

自分に足りない力を持つ人を狙う

チームのメンバーを探す際、自分はどういうタイプの人間かを押さえておくのもポイントだ。人には誰しも思考や発想の癖、得意不得意がある。**自分とタイプが違う人を選べば、お互いのデコボコを補い、チームでミッションを遂行していけるようになる。**

ミッションをビジネスとして進めていくには、さまざまな資質が必要だ。

すべての出発点として、「ミッション」が必要になるのはもちろんのこと、ミッションをビジネスに組み立てていくためには、「ビジネスモデル」づくりに長けていることも重要だ。そうしたミッションやビジネスモデルを具現化し、事業を継続・成長させていくには、ミッションを体現し、競合と差別化できるだけの「サービス」（あるいは商品や技術）も必要になる。さらには、そうしたサービスはただつくればいいというものではなく、プロダクトのライフサイクル全般にあたってユーザーの心を捉える「デザイン」も今や欠かせない。

ここで挙げた「ミッション」、「ビジネスモデル」、「サービス」、「デザイン」の4つは、ミッションをビジネスとして進めていくために必要なスキルセットと言うことができる。ただ、現実的にはこのすべてを1人で兼ね備えることなどほとんど不可能で、得意不得意の違いで、大きく4つのタイプに分けられる。

「**ミッション**」にこだわりを見せるのは、いわゆる「ビジョナリー」と言われるタイプだ。なぜこの事業に取り組むのか、「Why」に強いこだわりがあり、共感を集めやすい一方、ビジネスをどう進めていくかの「How」や、ミッションを具体的にどのようなサービスで実現するかの「What」は弱くなりがちだ。そのため、「ミッション」にこだわるベンチャー経営者は、「Jカーブ」の谷が深くなりやすい。

「**ビジネスモデル**」（Ｈｏｗ）に長けているのは、コンサルティング・ファーム出身者に多い。ロジックやフレームワークをつくるのは抜群に得意な反面、「ミッション」（Ｗｈｙ）や「サービス」（Ｗｈａｔ）は多くの場合で不得手だ。

「**サービス**」（Ｗｈａｔ）に強みを見せるのは、エンジニアタイプだ。独自技術で新商品を開発した技術ベンチャーの経営者は、だいたいこのタイプに含まれる。「こんなに面白いもの（すごいもの）ができたから起業しました」と、完全にプロダクトアウトで起業に至ったケースが多く、「ミッション」（Ｗｈｙ）や「ビジネスモデル」（Ｈｏｗ）に弱点を抱えていることも少なくない。

他の3つと少し毛色が違うのが「**デザイン**」タイプだ。「誰の笑顔を見たいのか」に重点を置く人であるため、得意不得意は「ビジョナリー」タイプと似ている。だが、その強みは、サービスや技術そのものではなく、「その技術を届けたい人に、どんな顧客体験をもたらすか」という形で発露する。「Ｗｈｏ」にいちばん強いこだわりを持つタイプと言えるだろう。

こんなふうに、大まかにでも自分の特徴を押さえておけば、自分とは違うタイプを見つけやすい。自分の癖を自覚しておけば、深みにはまるのを防ぐこともできる。

僕自身の自己診断は、「ミッション」にこだわる「Ｗｈｙ」型だ（だからこそ「Ｊカーブ」の谷が深くなった)。自分が苦手なところを補うため、コンサルティング・ファーム出身の人にチームに加わってもらい、足りない部分を補うようにしている。

人材採用がチームの命運を左右する――「スクリーニング」3つのポイント

チームがある程度大きくなり、ブランド力も高まってくると、採用で人材を集めることができるようになる。そのときどういうポイントで人を選んでいくか、「スクリーニング」のポイントをまとめておこう。

チームを立ち上げたばかりのタイミングで、チームとあわないメンバーを間違えて入れてしまうと、チームの雰囲気は大きく損なわれる。チームの規模が小さいだけに、1人の影響力が大きくなるからだ(10人に1人が加わる場合と、1000人に1人が加わる場合を比べれば一目瞭然だろう)。慎重な「スクリーニング」が、チーム全体の熱量を高く保ちつづけるポイントになる。

特に、ベンチャー企業は採用で失敗して勢いを失う例が少なくない。大型の資金調達に成功し、事業の拡大フェーズに入ったベンチャーほど、この失敗に直面しやすい。採用圧力が高まることで、つい採用基準を緩くしてしまいがちだからだ。

なかでもありがちなのが、一流企業からの転職希望者をネームバリューだけで過大評価してしまうことだ。「自分たちの会社がこんな一流企業の人たちからも認められるようになった」という喜びが、目を曇らせてしまうのだろう。チームの勢いを削がずに成長を続けられるように、自社にあう人材かどうかを慎重に見極める必要がある。「迷ったら採らない」ぐらいの心づもりでいるのがちょうどいい。

「スクリーニング」で重要なのは、**ミッション・スキル・文化の3つの点で、「チーム」とフィットするかを見極めること**だ。

なかでももっとも重視すべきは、その人の**ミッションの方向性**だ。その人がなぜこの仕事に就きたいと思ったのか、この仕事を5年、10年続けていく覚悟があるのかなど、そもそものミッションの有無と方向性、さらには本気度をしっかり確認するのが重要だ。

注意しておくべきは、ベンチャーにせよ大きな組織の新規事業にせよ、事業が育ち、ブランド力が高まってくると、ファッション感覚で採用募集に応じる人が現れるようになることだ。仮にスキルが十分にあったとしても、そういう人を採用してしまうと、「チーム」

が目指す方向性とは無関係なことを始めかねないし、辞めていくリスクも高い。

ちなみにＴＶＳでは、採用の最終面接で僕が直接ミッションを確認するようにしている。ミッションの方向性があう人とは、両想いになることが多いのに対し、ミッションがあわない、あるいは明確なミッションがない人は、どんなにスキルが魅力的でも、採用はお断りしている。


「スクリーニング」で次に重要なのは、当然ながら、十分な**スキル**を満たしていることを確認することだ。スキルがフィットしなければ、成果を期待するのは難しい。

その際、押さえておくべきポイントが２つある。１つは、求めるスキルの要件を具体的に挙げておくこと、もう１つは、目の前の応募者がそれを満たしているかをきちんと確認することだ。

これも、当たり前のようでいて、実行するのはそう簡単なことではない。まさに言うは易し、である。

どちらのポイントでも、専門分野外のことに対しては、明確なスキル像を描けず、判断基準さえもわからない、というケースはよく起こる。文系出身者がエンジニアに求められるスキルの見当がつかないとか、反対にエンジニア出身の経営者が、マーケティングや経理、法務、人事の業務に必要な資質についてわからないというのは、ある意味で仕方のないことだろう。エンジニアでも、技術の分野が違えばスキルも大きく違うし、マーケティングとひと言で言っても、ベンチャーと大企業では必要なスキルが違うし、同じことは業種をまたいでも起こりうる。

そういう場合は、専門家の力が頼りになる。チーム内に、該当分野に詳しいメンバーがいれば、その人を必ず採用プロセスに組み入れ、そうでない場合は、外部の「ネットワーク」から支援してくれる専門家を探す。

3つ目のポイントは、その人が**チームの文化**とフィットするかどうかだ。

たとえば、立ち上げ期のベンチャー企業には、定時や残業代にこだわる人は、どう考えてもミスマッチだ。感覚的なところもあるが、その人と一緒にストレスなく働けるイメージを持てるかどうかにも、十分に注意を払うといいだろう。

「攻め」の人材採用が、チームの活力を保つ

採用にあたっては、もう1つ注意が必要なことがある。採用募集で集まってくる人材は、チームのブランドに左右されるということだ。

イノベーティブなサービスを展開するベンチャー企業には、世の中に変化を生み出したい人材が集まってくるし、安定した大企業には、安定志向の人が集まってくる。その逆の関係は考えにくい。

採用プロセスで「スクリーニング」の対象になるのは、あくまでもブランドの力で集まってきた人たちだけだ。どれほど強いブランドがあっても、「スクリーニング」だけでは、その母集団の外にいる人は基本的に採用することができない。

既存のブランド力だけで採用をしていると、経験値やスキルレベルが似通った人が集まってくる。それは、チームの一体感や安定感につながりやすい一方で、長い目で見るとチームを停滞させることになりかねない。これは、意外と見落とされがちなポイントだ。

その点、成長途上にあるベンチャー企業や新規事業はこの罠にはまりにくい。それは、

図5-1　チームの成長と集まる人材の関係

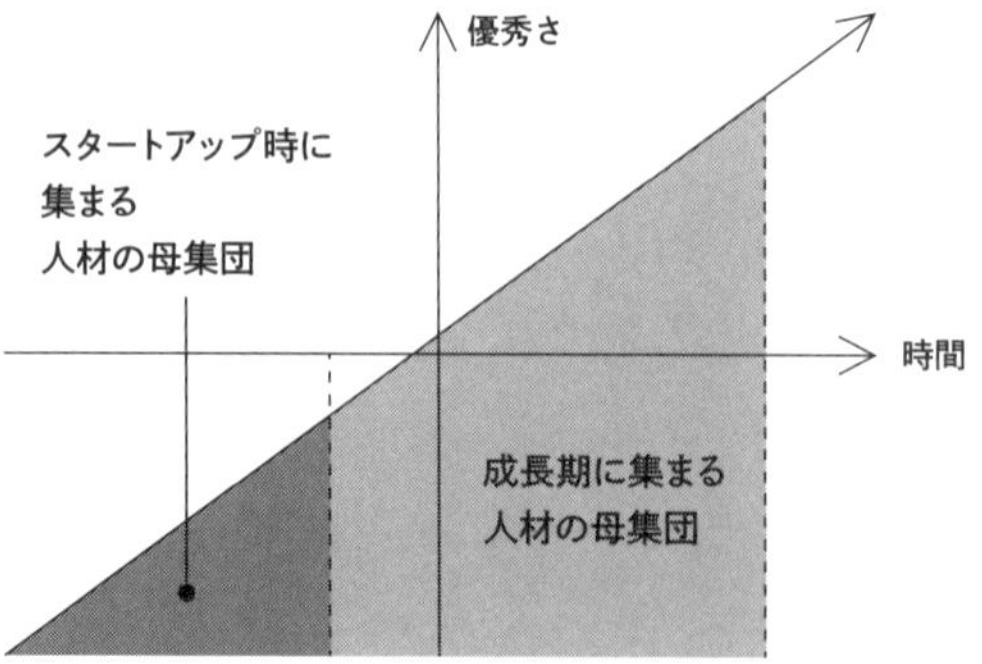

チームの成長ステージによって採用できる母集団は大きくなりそして人材は優秀になる

事業が成長することでブランド力が強まり、初期のメンバーにはいなかった経験値やスキルを持った人が、向こうからやってきてくれるようになるからだ。

この場合、成長期のベンチャーや新規事業では、経営層よりも新しく入ったメンバーのほうが、経験値でもスキルでも優れているということが往々にして起こりうる。既存のメンバーや経営陣には脅威に映るかもしれないが、その状況を受け入れ、自分より優秀な人材をマネジメントできるかどうかは、経営者やリーダーの器が試されていると言える。チームに新たな血がもたらされるからこそ、新陳代謝が促され、新たなものを生み出しつづけていくことができる。

ベンチャーでも、成長期から安定期に入りかけると、ブランドイメージが固定化し、人材の同質化が始まることを忘れてはいけない。人材の多様性を保ち、イノベーションを生みつづける土壌を育むには、ブランドがつくる採用母集団の外に、こちらからアプローチすることも必要だ。

チームを立ち上げた当初と同じように、こちらから相手にアプローチして、チームに足りない何かを持った人を口説き落とす。「待ち」の「スクリーニング」だけでは絶対に出会わない人材を仲間に加える。こうした未来志向の「攻め」の人材採用によって、チームを活力ある状態に保っていくことができる。

新規事業が、大企業のブランドイメージを変える

採用の母集団にまつわるこの課題は、世界的なブランドを長く有する大企業ほどより顕著になる。実は、大企業で新規事業を起こす難しさはここにある。

今やベンチャーは当たり前の時代になった。今の時代、新しいことに挑戦し、世の中にイノベーションを起こしたいという人は、大企業よりもベンチャー企業を選ぶことも多く

なり、さらには、いきなり自分で起業してしまう人もいる。そういう時代に大企業に入りたいと思うのは、大企業の安定したブランド力に惹かれている人だ。安定志向の人たちの集団のなかから、イノベーティブな新規事業を生み出すのは、きわめて難易度が高い。

大企業で新規事業を起こせるかどうかは、自社のブランドに似つかわしくない人をいかに採れるかにかかっていると言ってもいい。新しい事業を起こすには新しい人材が必要になってくる。

新しい人材を集められるようになるには、新しいブランドイメージが必要だ。**新しいブランドイメージは、新規事業によってこそつくられる。**

「鶏が先か、卵が先か」の議論になるが、大きな組織のなかで立ち上げた新規事業こそ、既存のブランドイメージを刷新する力を秘めている。たとえば、トーマツという大手監査法人のなかで立ち上げたＴＶＳは、比較的堅いイメージのある監査の世界において、トーマツに革新的なブランドイメージを生んだと言われることも少なくない。

その結果、ＴＶＳには、「ミッション志向の異能集団」という形容が伊達ではない、さまざまな能力と経歴を誇る新しい人材が次から次へとメンバーに加わっている。それが母体のトーマツの採用に与えている影響も少なからずあるようだ。採用パンフレットに毎年掲載されているＴＶＳの紹介記事をきっかけに、トーマツへの就職を希望する人も増えてきている。

このように、新規事業は、既存のブランドを刷新し、採用の母集団を大きく変える可能性を秘めている。新規事業への先行投資が新たなブランドをつくり、新たな採用母集団をつくることへつながっていくのだ。

何兆円もの売り上げを誇る大企業で、数億円レベルの売り上げをつくっても、新規事業はなかなか評価されない。ましてや、そのレベルに達するまでに「Jカーブ」の谷に直面すると、社内で応援してくれる人を見つけることすら簡単ではない。

それでも新規事業には、何兆円の売り上げを稼ぐ基幹事業にはできない効果がある。TVS自体、まさに売り上げの数字には表れない効果――ブランドイメージの向上、人材育成や採用への貢献――を証明しつつ、辛い時期を乗り越えてきた。そのことを知っておくと、社内で新規事業を進めるうえで役に立つことがあるはずだ。

チームの結束力を高める「原体験ワークショップ」

チームをイノベーティブな状態に保てるかどうかは、多様で革新的な人材を集められるかどうかにかかっている。さまざまな才能を持ったメンバーがそれぞれ自発的に新しいことに挑み、それまでなかった新しい何かを生み出していければ、チームはイノベーティブでありつづけることができる。

だが一方で、**集まる人材が多様になればなるほど、チームには遠心力が働きやすい**のも事実だ。いくらイノベーティブな土壌を育みたいからといって、それぞれの取り組みにまるで一貫性も共通点も見られなければ、チームはすぐにバラバラになってしまう。採用時点でミッションの方向性を確認していたとしても、遠心力が働きやすい環境にいれば、それぞれのメンバーが目指す方向に、次第にズレが生じかねない。

イノベーティブでありながらチームの一体感や結束力も失わずに保つには、それ相応の工夫や仕掛けが必要だ。

図5-2　チームとメンバーの「登るべき山」を考える

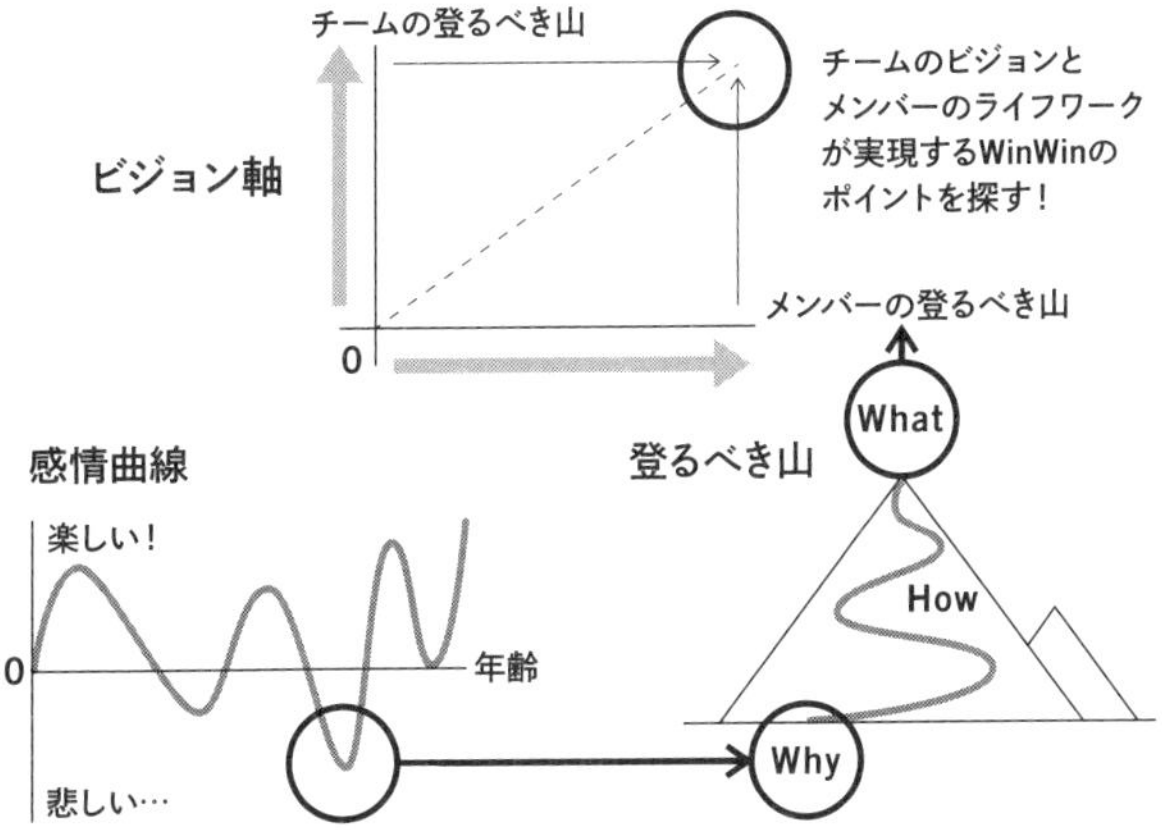

異能人材が集まるTVSで、チームを束ねるために実践しているのが、第1章で紹介した「原体験ワークショップ」だ。それを、個人ではなく、チームのメンバーと一緒に取り組む。自分の人生を振り返り、「原体験」とミッションを確認する作業を、メンバーと一緒に行っていくわけだ。

TVSでは今でも、時間が許す限り、チームで行う「原体験ワークショップ」のために合宿を開催する。泊まりがけで、1人ひとりの「原体験」とミッションを互いに発表し、夜通し徹底的に語りあう。

これには多くのエネルギーが必要となるが、そうしたエネルギーを注ぐ以上の効果を見込める。まず、チームとメンバーの「ベクトル合わせ」ができるし、メンバーどうしがお互いのミッションや、その元になっている「原体験」を知ることもできる。それによって濃密な人間関係が育まれ、チームの連帯感が強まってくる。そうすると、日々の仕事で気になっていたちょっとした言動にも寛容になれる。みんなそれぞれ山あり谷ありの人生を歩んできたと知れば、細かなことにいちいち腹を立てるようなこともなくなっていく。

さすがにメンバーが１００人を超えた今では、全員が参加する全国合宿を実施するのは難しくなってきた。「ベンチャー支援チーム」、「大企業支援チーム」など、部署や担当エリアごとに10人程度で原体験を語りあい、ベクトル合わせを行っている。

チームのミッションを明文化し、リーダーの手の届かないところに置く

チームがある程度大きくなってきたら、**チームのミッションや大切にしたい価値観を明文化する**のも重要なことだ。

メンバーが増えてくると、それまでみなで当たり前のように共有できていたことが、あるとき急に伝わらなくなる。僕の実体験では、「チーム」の規模が20人に近づいたとき、

その壁を実感した。

チームのミッションや価値観は、みなが共有できてこそ意味がある。それがいちいち説明や議論をしなければ伝わらなくなると、チームはバラバラな方向に向かってしまう。「原体験ワークショップ」でも、メンバーのミッションの方向性を揃えることができるが、日常的にミッションを確認できるようにするためには、ミッションの明文化も欠かせない。新たに加わったメンバーも、すぐにミッションを共有できるようになる。

文字に残すミッションは、20人ぐらいの規模までなら、「原体験ワークショップ」のような場で、みなでわいわい言いながらつくることをお勧めする。

明文化されたミッションや価値観も、メンバー1人ひとりがその内容にコミットしていなければあまり意味をなさない。メンバーと一緒にミッションをつくれば、メンバーがミッションや価値観を「自分ごと」として深くコミットできるようになる。TVSの場合は、当初のベンチャー支援というミッションを土台にしつつ、そこに共感して集まってきてくれたメンバーの思いや意見を盛り込み、適宜ブラッシュアップしてきた。

ちなみに、大きな組織のなかで立ち上げた新規事業の場合、チームのミッションのつくり方には1つのポイントがある。それは、チームのミッションを組織全体のミッションと方向性を揃える必要があるということだ。

このとき、母体組織と所属チーム、そしてメンバー1人ひとりのミッションは、入れ子の構造になっている。チームのミッションをつくる際は、組織とチーム、チームとメンバーのミッションが、1つにつながっていくことを確認するのがポイントだ。

チームの規模が、20人よりさらに大きくなってきたら、ミッションのつくり方にも工夫が必要になってくる。チームをいくつかの部門に分け、チーム全体のミッションとは別に、部門ごとのミッションをつくる。チーム全体のミッションは中核メンバーが主体になってつくる一方で、部門のミッションづくりにはメンバーを巻き込んでいく。TVSではメンバーが40人から50人になったとき、そういう形に移行していった。

チームのミッションでもう1つ大切なのは、**ミッションはリーダーの手の届かないところに置く**ということだ。

チームを立ち上げた創業メンバーが、常に正しいとは限らない。アップルを立ち上げたスティーブ・ジョブズが、自分が口説き落として仲間に加えた経営陣から追い出されたのは有名な話だ。これは、独断専行で事を進めるジョブズの振る舞いが社内に混乱を招いたことが原因とも言われている。

ちなみに、アップルはその後、業績の低迷に直面し、ジョブズは経営者として呼び戻され、それを機に息を吹き返した。ジョブズを追い出したアップルの判断が正しかったかどうかは別として、ミッションの明文化は、判断を間違えたリーダーが暴走しないようにするためにも意味がある。リーダーがいついかなるときも正しいとなれば、怪しげな宗教団体と何も変わらない。そうなっては、チームの先行きも途端に怪しくなってしまう。

「リーダーシップ」とは何か

ここで、チームの活力を保つ理想的なリーダー像について考えてみよう。

「リーダーシップ」とは何か――。とてもひと言で表現することはできないが、多くのベンチャー経営者や大企業の経営幹部を見ていると、優れたリーダーと言われる人ほど、相手の立場や年齢に関係なく、分け隔てなくフラットに接する人が多い。

それは、考えてみれば当たり前のことかもしれない。壁をつくって威圧する人に、率直な意見を臆せず言える人はそう多くはないだろう。それでは、アイデアの芽や問題の兆しをリーダーが発見することが難しくなり、そこから何か新しいことが生まれてくることは考えにくい。

僕が自分の経験や多くのリーダーを見ていて思うのは、リーダーというのはチームのキャプテンのような「**役割**」であるということだ。年功序列のように、どうがんばってもひっくり返せない固定的な上下関係ではない。TVSでは、新しい事業に先頭に立って挑む人に、リーダーとして部長職やプロジェクトリーダーを任せている。

「リーダーシップ」は、決して先天的な才能ではないと感じている。**後天的に獲得できるスキル**というのが僕の持論だ。そうでなければ、誰しもが潜在的に持っている資質で、環境によって花開くものだと思っている。

事実、僕は10代のころ、自分にはリーダーシップがないと思っていた。それが今では、チームメンバーは100人を超える。TVSで部長職を務めるメンバーも、その立場に就いてから急速に「リーダーシップ」を身につけ発揮している。よく言われるとおり、立場が人を育てるのだ。

「リーダーシップ」と「フォロワーシップ」を行き来する

意思決定が上下関係で下されるようになると、チームは途端に活力を失う。メンバーのモチベーションが低下して仕事のパフォーマンスも落ち、新しいアイデアも出てこなくなる。

それを防ぐには、ときには「役割」を大胆に入れ替え、チームの新陳代謝を高めることも必要だ。そのためにTVSでは、「部長」の役職づきになった人が現場に戻り、新しいことに挑戦してもらう人事も当たり前に行っている。たとえば、ベンチャー支援の部長職を務めたメンバーが、今ではアジアの海外事業の立ち上げ業務に取り組んでいるし、自治体・官公庁向けの政策部門で10人規模のチームを率いていた部長も、今ではベンチャー支援事業の現場力強化に取り組んでいる。

こんなふうに、リーダーが適宜入れ替わり挑戦を続けていくと、チームのメンバーどうしの関係は、自然とフラットになっていく。それを成立させるには、メンバー1人ひとりが「リーダーシップ」と「フォロワーシップ」を兼ね備え、両者を行き来できる資質が必要だ。

「フォロワーシップ」とは、端的に言うと、リーダーの意向に沿って最大のパフォーマンスを発揮することだ。だからと言って、リーダーに盲目的に従えばいいというわけではない。批判的思考を失わず、リーダーが間違っている場合はもちろん、よりよい方法が考えられる場合は、それを本音で指摘する。そのうえで、リーダーが示した方針に対して、積極的に貢献する。その2点が、「フォロワーシップ」の重要なポイントだ。

メンバーに健全な「フォロワーシップ」がないと、リーダーとしてはそのメンバーを信用するのは難しい。わかりやすい例はイエスマンで、何を聞いてもこちらが喜びそうなことしか言わない人は、リーダーとしては不安になるだけだ。もちろん、フォロワーが自由に意見を言いやすいフラットな雰囲気をつくるのはリーダーの役割で、そこに配慮をできるのが、「フォロワーシップ」を持ったリーダーと言えるだろう。

「リーダーシップ」と「フォロワーシップ」の行き来は、チームの熱量を保つことにもつながる。第3章でも触れたように、チームの規模が大きくなると、「チームを維持するためのルーティンワークに近い仕事」に、チームとして多かれ少なかれ携わる必要が出てくる。

そうした業務のメンバーを固定化してしまうと、チームのベクトルは合わなくなり、メンバーのモチベーションを下げてしまいかねない。それを防ぐうえでも、大胆な配置転換は効果的だ。たとえば、案件を取るために奮闘してきたリーダーには、次の新しい案件で現場寄りの新しいチャレンジをしてもらい、そのリーダーのもとでがんばっていた人を新たにリーダーとして抜擢する。そうすることで、新陳代謝を促すことができるし、メンバーのマンネリ化も軽減することができる。

フラットで活力あるチームを維持するためにも、業務の中身にまで目を細やかに配りたい。チームが活力を保ちつづけていれば、自分のミッションも、その勢いを借りて自然と大きく育っていくはずだ。

第5章　チームをつくる

ま　と　め

◆メンバーをどこで、どうやって探すか

○ストーリーの質を上げて「確率」を高めることと、多くの人に会って語りつづけて「打席数」を増やすこと、この2軸が基本となる

○思いを共有する良質なコミュニティをつくる（最初は勉強会でいい）

○自分に足りない資質を持つメンバーを探す。「ミッション（Why）」「ビジネスモデル（How）」「サービス（What）」「デザイン（Who）」の4つのタイプで見極めよう

◆チームに誘うときに気をつけるべき3つのポイント

①「ミッション」がフィットしているか

②「スキル」がフィットしているか

③「文化」がフィットしているか

◆チームの成長のために

○チームのミッションとメンバーのミッションをそろえる

○チームのミッションを明文化する

○「リーダーシップ」と「フォロワーシップ」を行き来する

おわりに

自分だけのミッションを生きる人生を、すべての人に

自分にとって「一生を賭ける仕事」とは、いったい何なのか――。

本書の出発点となったこの悩みは、決して日本に生きる僕たちだけの問題ではない。

先日、スペインにいる26歳の若者から、「自分が今後何をすればいいのかわからない」という相談を受けた。彼女は、東大の博士課程に在籍し、世界35か国を訪ね歩いた経験があるという。普通なら、僕なんかに相談しにくるはずのない経歴の持ち主だった。

時間をかけて一緒に感情曲線を描き、「登るべき山」を見出していくと、彼女は言った。

「これが、私のミッションだったんだ」

ミッション、言い換えれば「一生を賭ける仕事」が見つからない、と悩む人は想像以上に多い。そして、この悩みは万国共通のようだ。

スタンフォード大学で起業家の育成に携わるティナ・シーリグ氏の著作にも、こんなこ

とが書いてある。

「（過去2作を発表して以来）世界じゅうから1000通を優に超える手紙をもらいました。（中略）国は違えども、人生を賭けるような有意義なことがしたい、という思いはみな同じで、そのために助けとなるツールを必死で探しています」

——『スタンフォード大学　夢をかなえる集中講義』219ページより抜粋

先ほどのスペインから相談してきた彼女のように、他人から見ればエリートと言われる学歴を持っていようと、グローバルな経験があろうと、ミッションが見つからない人生は、はかなく、辛いものだ。

ミッションを見出し、ビジョンとパッションを持って、ライフワークで生きていく。

僕はその苦しみも、喜びも知っているが、ふとこう思うことがある。ただ単に、人より先に知ることができただけではないか、と。

では、そんな幸運に見舞われた僕は、何を成すべきだろうか。

それは明白だった。

「登るべき山」が見つからず迷っている人に関わり、「登るべき山」を登っていける人を増やすこと。いまや、これも僕の大事なライフワークとなっている。

ありがたいことに、ミッションを見出すための僕のワークショップは、大学から企業、官公庁まで、さまざまなところからお声がけをいただく。こんな若輩者の僕の経験が役に立つならと、できるだけ受けるようにしている。

そしてこの本も、そうした思いから生まれたものだ。

もしいま、やりたいことが見つからないと言うなら、自分の半生を振り返り、熱量の高い人と会いつづけ、自分が本当にやりたいことを探し、それを磨いていく。

ミッションは仮決めでもいい。自分が定めたミッションを言葉にし、100人に語ってみてほしい。そのなかで、自分にしかできない仕事につながるヒントが見つかるはずだ。

これは、起業家にだけ関わる話ではない。企業や自治体など、組織に属している人が、熱量を持って行動することで、企業も、そして日本経済も大きく動いていく――。僕は、そう信じている。

この本をきっかけに、自らのミッションを見つけていただければ、これに勝る喜びはない。

謝辞

最後に、僕を支えつづけてくれているトーマツやトーマツベンチャーサポートの人たち、今も熱量を高めてくれる数々の起業家やベンチャー企業の方々、僕たちの紹介や案内をいつも熱心に聞いてくださる大企業、官公庁、メディアの方々、そして挫折の連続を支えてくれた家族、こうしたすべての人たちに心からの感謝を捧げたい。

みなさんがいるから、僕はこれからもミッションを追い求めて、走っていける。

笹川かおり「がん患者が安心して過ごせる空間『マギーズセンター』とは? 24歳で乳がん経験、鈴木美穂さんに聞く」、The Huffington Post、2014年11月1日(最終更新　2015年4月6日)
http://www.huffingtonpost.jp/2014/10/31/maggies-tokyo-project_n_6081598.html

秋山正子「地域包括ケアの具現化に何が必要か『暮らしの保健室』のヒントとなった英国『マギーズセンター』」、WEDGE Infinity、2012年7月10日
http://wedge.ismedia.jp/articles/-/2037

第3章　ビジネスモデルをつくる

○メルカリについて
メルカリ　ホームページ「会社概要」より　https://www.mercari.com/jp/about/corporate/

○グルーポンとそのマーケットについて
蛯谷敏「200超が消滅"グルーポン系サービス"のその後」、日経ビジネスオンライン、2013年4月9日
http://business.nikkeibp.co.jp/article/interview/20130405/246259/

○パナソニック「パナソニックビューティ」について
パナソニックビューティ　ホームページ　http://panasonic.jp/beauty/

池原照雄「パナソニック　男性客も開拓した『電動頭皮ケア』」、WEDGE Infinity、2012年4月30日
http://wedge.ismedia.jp/articles/-/1837

○ソニー「Qrio(キュリオ)」について
井上理「シリコンバレーで大企業を"洗脳"する理由」、日経ビジネスオンライン、2015年7月29日
http://business.nikkeibp.co.jp/atcl/report/15/072400019/072800004/

西田宗千佳「売れ続けるスマートロックQrioが示す ソニーと大企業内スタートアップの本質」、週刊アスキー、2015年4月17日
http://weekly.ascii.jp/elem/000/000/326/326884/

参考文献

第1章　ミッションを定める

○テックプログレスについて

テックプログレス社　ホームページ　http://www.tech-progress.net/

「学生社長起業の輪」、読売新聞、2015年12月20日
http://www.yomiuri.co.jp/osaka/feature/CO012651/20151220-OYTAT50011.html

○コミュニティ・オーガナイジングについて

特定非営利活動法人コミュニティ・オーガナイジング・ジャパン　ホームページ
http://communityorganizing.jp/co/info/

宇津宮尚子「『日本人に眠る能力を引き出したい』オバマ氏を大統領にした『コミュニティオーガナイジング』を広める鎌田華乃子さんに聞く『未来のつくりかた』」、The Huffington Post、2014年1月12日（最終更新　2014年7月17日）
http://www.huffingtonpost.jp/2014/01/11/community-organizing-kanoko-kamata_n_4580830.html

○ファクトリエについて

ファクトリエ　ホームページ　https://factelier.com/aboutus/

古谷ゆう子「"地域の誇り"こそブランド! 日本の縫製工場と世界を直結せよ」、Forbes Japan、9（2015年4月）

大寺明「工場直販ブランド『ファクトリエ』で世界に誇る純日本ブランドを展開。ライフスタイルアクセント・山田敏夫インタビュー」、bizpow、2015年5月26日
http://bizpow.bizocean.jp/edge/factelier/

角田勲「ファクトリエの山田敏夫社長がカンブリア宮殿に! メイドインジャパンを世界に。」、40's Exchange Hack、2016年4月7日
http://40exchange.com/factolier-927

第2章　マインドを磨く

○新将命氏の人の燃え方の「5つのタイプ」について

新将命『経営の教科書――社長が押さえておくべき30の基礎科目』、ダイヤモンド社、2009年

○マギーズセンターについて

マギーズ東京プロジェクト　ホームページ　http://maggiestokyo.org/

［著者］

斎藤祐馬（さいとう・ゆうま）

トーマツベンチャーサポート株式会社 事業統括本部長。公認会計士。

1983年生まれ。中学生のとき、脱サラして起業した父親が事業を軌道に乗せるのに苦労している姿を見て、「事業を立ち上げたばかりの起業家を支援する人がいればいいのに」と何度も思い、やがてベンチャーの「参謀」を志す。

2006年、４度目の挑戦で公認会計士試験に合格し、監査法人トーマツ（現・有限責任監査法人トーマツ）入社。会計監査やIPO支援業務に携わるものの、スタートアップ期のベンチャーへの支援ができないものかと悩み、単独でベンチャー支援を始める。


2010年、トーマツ内で休眠していたトーマツベンチャーサポート株式会社（略称TVS）の再立ち上げに参画する。従来の公認会計士の枠には収まらない「ベンチャー支援」という活動に対して当初は理解を得られず、社内からは逆風も吹くが、一つひとつ壁を越え、社内外に仲間を増やし、大きく成長するに至った。

現在は、「挑戦する人とともに未来をひらく」というビジョンのもと、国内外で奮闘する100名以上のメンバーとともに、ベンチャーだけではなく、大企業、海外企業、政府、自治体などとも協働し、自らのミッションを生きる日々を送っている。自らの思いを「一生を賭ける仕事」につなげたその経験には、大学、企業、自治体などから講演の依頼が絶えない。


2013年４月より、現在は「起業家の登竜門」と呼ばれるようになった「モーニングピッチ」を仲間とともにスタート。これまでに700を超えるベンチャーの登壇を実現したモーニングピッチは、大企業やベンチャーキャピタル、メディアとの出会いの場をベンチャーに提供する、日本有数のプラットフォームとなっている。

一生を賭ける仕事の見つけ方

2016年８月25日　第１刷発行
2016年９月６日　第２刷発行

著　者――斎藤祐馬
発行所――ダイヤモンド社
〒150-8409　東京都渋谷区神宮前6-12-17
http://www.diamond.co.jp/
電話／03·5778·7232（編集）　03·5778·7240（販売）
編集協力――萱原正嗣
装丁·本文レイアウト――水戸部功
図版作成――うちきばがんた
校正――――鷗来堂
製作進行――ダイヤモンド・グラフィック社
印刷――――八光印刷（本文）・加藤文明社（カバー）
製本――――ブックアート
編集担当――廣畑達也

ISBN 978-4-478-06879-3